啓林館版 完全準拠

教科書ガイド

BLUE SKY

English Course

1

編集発行 新興出版社

はじめに

　英語を学ぶことは，広い世界の扉を開く第一歩です。小学校で始まった，英語になれ親しむ授業に引き続いて，中学ではさらに深く学んでいきます。外国語ということで苦手意識を持つことなく，楽しむ気持ちを持ち続けていきましょう。英語を楽しみながら理解し，学習を進めることで，いろいろな国の人とコミュニケーションをとったり，自分の言いたいことを伝えたり，世界のさまざまな情報を得たり…といろいろな可能性が広がります。

　この本は，啓林館発行の教科書「ブルースカイ・イングリッシュコース１」（BLUE SKY English Course 1）を使って英語を学ぶみなさんのためのガイドブックです。
「ブルースカイ・イングリッシュコース」は生きた英語を重視し，自然な文体で書かれている教科書です。このガイドブックも，そのねらいに沿って，次の点に留意しています。
　・英文を理解できるよう，単語・語句・発音・文法，そして重要表現の解説をしています。
　・英文の内容をつかむための訳例を掲載しています。
　・重要な文法や表現をわかりやすく説明しています。

この本の構成

①**本文**……………………各ユニット，各パートの内容を，本文とその訳例，新出語句のカナ発音と意味を，次のページで基本文と練習問題の訳文や解答例を載せています。

②**本文解説**……………各ユニットのパートごとに基本文の文法解説と本文の解説を載せています。

③**音声内容**……………各ユニットの各パートにあるリスニング問題の内容を載せています。

④**Let's Talk, Let's Listen, Target のまとめ，Project など**
　………………………本文とその訳例，Step や Let's Try などの解答例を載せています。

⑤**Let's Read** ……本文とその訳例，語句のカナ発音と意味，本文の解説などを載せています。

そのほかに，付録ページ（p. 30, 31 など）には訳例や文例（p. 230）を載せました。

　詳しい内容については，p. 4～5 の「この本の使い方」をごらんください。
　このガイドブックはみなさんの学習の補助をする教材です。まずは教科書を読み，自分で考えて訳をしたり，問題を解いたりしてから，この本を参考にするようにしましょう。

CONTENTS
もくじ

この本の使い方　本文 ／ Target・Practice・Use のページ

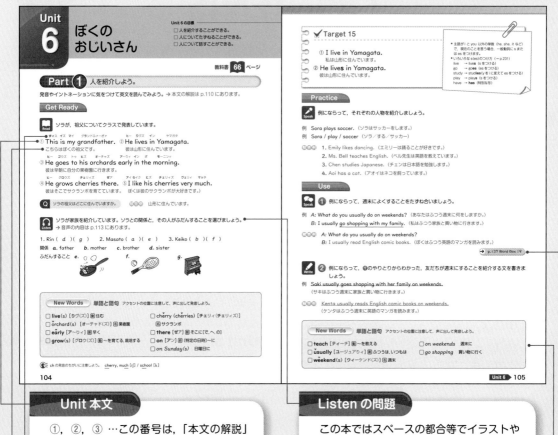

Unit 本文

①，②，③ …この番号は，「本文の解説」
の番号と一致しています。

本文のカナ表記

教科書の本文にカナ表記で読み方を示して
います。文で読むときは単語だけで読むと
きと，強弱の位置や読み方が変わることが
あります。

訳例

英文の下や横に訳例をつけていますので，英
文を読みながら意味をつかむことができます。
英語を日本語に訳すときは，男女の話し言
葉の使い方や敬語などにより，同じ英文で
もさまざまな表現方法が考えられます。場
面や人間関係に注意して読み取るようにし
ましょう。

Listen の問題

この本ではスペースの都合等でイラストや
写真が掲載されていないものがあります
ので，その場合は教科書の該当ページを見
て答えるようにしてください。
この本では，本文の解説のあとに，Listen の
問題の音声内容とその訳例を載せています。

単語・語句

新しく学習する単語や語句とその意味を，
カナ表記で読み方を示しています。太字の
単語は初出の必修語です。

Word Box の指示アイコン

これに書かれているページは教科書のもの
ですので，内容は教科書で確認するように
してください。

品詞は次のように示しています。

图 名詞　　代 代名詞　　動 動詞　　助 助動詞　　形 形容詞　　副 副詞

前 前置詞　　冠 冠詞　　接 接続詞　　間 間投詞

本文の解説 ／ 音声内容のページ

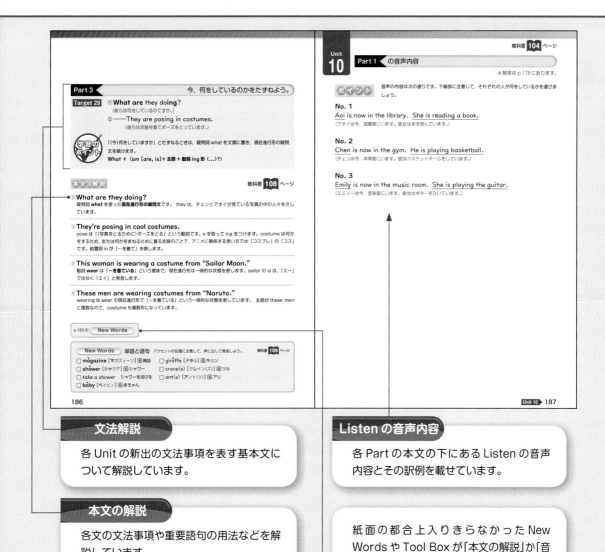

文法解説

各 Unit の新出の文法事項を表す基本文について解説しています。

本文の解説

各文の文法事項や重要語句の用法などを解説しています。
①，②，③ …の番号は，本文の番号と一致しています。

Listen の音声内容

各 Part の本文の下にある Listen の音声内容とその訳例を載せています。

紙面の都合上入りきらなかった New Words や Tool Box が「本文の解説」か「音声内容」の該当 Part の下に入ることがあります。

特別なカナ表記

発音記号をカタカナで表記している読み方の中で，似ている発音を区別するためにひらがなで表しているものや，特別な表し方をしているものがいくつかあります。

[s ス]と[θ す] … sing [siŋ **スィング**]の[si スィ]と think [θiŋk **すィンク**]の[θi すィ]

[z ズ]と[ð ず] … music [mjú:zik **ミューズィック**]の[zi ズィ]と this [ðis **ずィス**]の[ði ずィ]

[r ル]と[l る] … right [rait **ライト**]の[ra ラ]と light [lait **らイト**]の[la ら]

[ɑːr アー]と[əːr ア〜] … park [pɑːrk **パーク**]の[ɑːr アー]と girl [gəːrl **ガ〜る**]の[əːr ア〜]　など

この本で使用している主な記号

[ ] → 言いかえができるときに使われています。

( ) → 省略できる語や訳例などに使われています。

〔 〕 → 説明を付け足すときなどに使われています。

 # Classroom English

Stand up.
（立ちなさい。）

Sit down.
（すわりなさい。）

Raise your hands.
（手をあげなさい。）

Open your textbooks to page ten.
（教科書の 10 ページを開きなさい。）

Close your textbooks.
（教科書を閉じなさい。）

Look at the blackboard.
（黒板を見なさい。）

Listen to the CD.
（CD を聞きなさい。）

Repeat after me.
（私のあとに続けてくり返しなさい。）

Make pairs.
（ペアになりなさい。）

Make groups of four.
（4 人の組になりなさい。）

Any volunteers?
（手伝ってくれる人は？）

Write this down.
（これを書きなさい。）

Come up to the front.
（前に出てきてください。）

Student 質問したいときや反応を示すときに役立つ英語です。言えるようになりましょう。

Excuse me.
（すみません。）

I have a question.
（質問があります。）

How do you say
"*jitensha*" in English?
（「自転車」は英語でどう言いますか。）

How do you spell
"bicycle"?
（"bicycle" はどうつづりますか。）

What does "unicycle"
mean?
（"unicycle" はどういう意味ですか。）

Sorry?
（もう一度お願いします。）

I see.
（わかりました。）

I don't know.
（わかりません。）

Really?
（本当ですか。）

I'm done.
（できました。）

Here you are.
（はい，どうぞ。）

Thank you.
（ありがとうございます。）

I'm sorry.
（すみません。）

No problem.
（だいじょうぶですよ。）

① 学校での会話を聞こう

art（美術）

English（英語）

Japanese（国語）

math（数学）

moral education
（道徳）

音声の内容

❶ music, math, English, P.E., art, moral education,
（音楽，数学，英語，体育，美術，道徳）

technology and home economics, Japanese,
（技術・家庭，国語）

social studies, science （社会科，理科）

❷
No. 1
A: I like this song very much. （私はこの歌がとても好きです。）
B: Oh, do you? Let's play it on the recorder.
（まあ，そうですか。それをリコーダーで演奏しましょう。）

No. 2
A: Where is Saitama Prefecture on the map?
（地図で埼玉県はどこですか。）
B: Here. （ここです。）
A: That's rihgt. （そのとおりです。）

① 英語を聞いて，読まれたものを指でさしましょう。

② 会話を聞いて，どの教室での会話か指でさしましょう。

music（音楽）

P.E.（体育）

science（理科）

No. 3

A: Good morning, class. （おはよう，みなさん。）

B: Good morning, Ms. Tanaka. （おはようございます，タナカ先生。）

A: I'll tell you some new words. Listen and repeat after me.

（いくつかの新しい語をあなたたちに教えます。聞いて，私のあとについて言ってください。）

social studies
（社会科）

No. 4

A: Today, let's draw pictures of your classmates.

（今日は，クラスメートの絵をかきましょう。）

B: Who do I draw? （私はだれをかくのですか。）

A: The classmate in front of you. （あなたの前のクラスメートです。）

technology and
home economics
（技術・家庭）

Let's Start

② 町での会話を聞こう

- ① hospital（病院）
- ② police station（警察署）
- ③ fire station（消防署）
- ④ coffee shop（喫茶店）
- ⑤ station（駅）
- ⑥ hotel（ホテル）
- ⑦ post office（郵便局）
- ⑧ convenience store（コンビニエンスストア）
- ⑨ bank（銀行）
- ⑩ restaurant（レストラン）
- ⑪ bookstore（本屋）
- ⑫ cake shop（ケーキ屋）
- ⑬ department store（デパート）
- ⑭ flower shop（花屋）
- ⑮ supermarket（スーパーマーケット）
- ⑯ ice cream shop（アイスクリーム店）
- ⑰ park（公園）
- ⑱ gas station（ガソリンスタンド）

音声の内容

❶ hotel, restaurant, post office, park, coffee shop, convenience store, bank,
（ホテル，レストラン，郵便局，公園，喫茶店，コンビニエンスストア，銀行）

gas station, hospital, ice cream shop, flower shop, station, bookstore,
（ガソリンスタンド，病院，アイスクリーム屋，花屋，駅，本屋）

fire station, cake shop, supermarket, police station, department store
（消防署，ケーキ屋，スーパーマーケット，警察署，デパート）

❷
No. 1

A: Today is my mother's birthday. I want to buy her some flowers.
（今日は私の母の誕生日です。私は彼女に花を買いたいです。）

B: How about these red ones?　（これらの赤いのはいかがですか。）

10

① 英語を聞いて，読まれたものの番号を指でさしましょう。

② 会話を聞いて，どの建物での会話か指でさしましょう。

No. 2

A: How much is this dictionary? （この辞書はいくらですか。）

B: Let me see.... It's 2,000 yen. （ええと…。それは2,000円です。）

No. 3

A: I'm a little tired.

（私は少しつかれています。）

B: Let's take a rest on the bench.

（ベンチでひと休みしましょう。）

No. 4

A: I'll take the 9:30 train.

（私は9時30分の電車に乗ります。）

B: OK. See you next week.

（わかりました。来週会いましょう。）

No. 5

A: How long are you going to stay?

（あなたはどれくらいのご滞在ですか。）

B: Three days.

（3日です。）

No. 6

A: This meat is very tasty.

（この肉はとてもおいしいです。）

B: Yeah. This salad is good, too.

（そうですね。このサラダもいいです。）

No. 7

A: I have a high fever.

（私は高熱があります。）

B: Let me take a look.

（私にみせてください。）

Let's Start

 3 アルファベットを読み書きしよう

1 ❶ アルファベットの大文字と小文字を，順番どおりに書きましょう。

●大文字

A B C D E F G H I J K L M

●小文字　*小文字は高さにも注意しよう。*

a b c d e f g h i j k l m

❷ A ～ Z の文字の読み方を聞いて，発音しましょう。

2 ❶ 写真の中の ☐ に入るアルファベットを選んで書きましょう。

| DVD | AED | HB | PUSH | PULL | ON |

(1)

HB

(2)

DVD

(3)

AED

(4)

ON

(5)

PUSH

(6)

PULL

❷ 文字の読み方を聞いて，発音しましょう。

Listen  Speak Write

N O P Q R S T U V W X Y Z

n o p q r s t u v w x y z

好きなものなど，絵もかいてみよう。

3 自分の名前を書いて，名刺を作りましょう。

Haruka Kanata

Sato Aoi

Chen Lee

の所は少しあけて書こう。　名字も名前も大文字で書き始めよう。

Nakata Sora

Let's Start

4 英語の文字が表す音を聞こう

A
a

apple　　apron
（リンゴ）（エプロン）

B
b

bear
（クマ）

C
c

cat　　city
（ネコ）（都市）

D
d

dog
（イヌ）

I
i

ink　　ice cream
（インク）（アイスクリーム）

J
j

jam
（ジャム）

K
k

king
（王）

L
l

lion
（ライオン）

Q
q

queen
（女王）

R
r

rabbit
（ウサギ）

S
s

sun
（太陽）

T
t

tiger
（トラ）

Y
y

yellow
（黄色）

Z
z

zoo
（動物園）

赤文字の音はどんなふうに
発音されているかな？

14

Listen Read

❶ A~Z の文字と発音の関係に注意して聞きましょう。
❷ 英語の音声に続けて発音してみましょう。

E e
egg（卵）　evening（夕方）

F f
frog（カエル）

G g
guitar（ギター）　gym（体育館）

H h
hat（（ふちのある）帽子）

M m
map（地図）

N n
nine（9）

O o
octopus（タコ）　ocean（大洋）

P p
pig（ブタ）

U u
umbrella（かさ）　unicycle（一輪車）

V v
violin（バイオリン）

W w
watch（腕時計／～を見る）

X x
fox（キツネ）

発音のちがいに気をつけよう。

 B V

 G Z

 M N

⑤ 英語の文字が表す音に慣れよう

1 単語を聞いて，□ 内の単語と同じ音で始まるものを選びましょう。

(1)  bear（クマ）

　a. pen（ペン）　**b.** fish（魚）　**c.** box（箱）

(2)  king（王）

　a. key（かぎ）　**b.** grape（ブドウ）　**c.** hand（手）

(3)  tiger（トラ）

　a. cap（帽子）　**b.** table（テーブル）　**c.**  drum（ドラム）

(4)  queen（女王）

　a. quiz（クイズ）　**b.** juice（ジュース）　**c.**  girl（女の子）

2 単語を聞いて，□ に共通して入る文字を書きましょう。

(1) □orilla（ゴリラ）　pi□（ブタ）　man□o（マンゴー）　　*g*

(2) □ine（9）　ba□ana（バナナ）　su□（太陽）　　*n*

(3) □emon（レモン）　co□or（色）　mai□（郵便）　　*l*

3 赤文字に注意して単語を聞き，発音してみましょう。

(1) **bag**
（バッグ）

(2) **pink**
（ピンク）

(3) **mug**
（マグカップ）

(4) **hen**
（メンドリ）

(5) **mop**
（モップ）

4 単語を聞いて，読まれたほうを選びましょう。

(1) **a.** cup（カップ）

b. cap（帽子）

(2) **a.** pen（ペン）

b. pin（ピン）

(3) **a.** hat（帽子）

b. hot（暑い）

5 同じ文字の音のちがいに注意して聞き，発音してみましょう。

a	i	u	e	o
cake	five	cute	Japanese	home
（ケーキ）	（5）	（かわいい）	（国語，日本語）	（家）
cat	six	cut	pet	pot

（ネコ）	（6）	（〜を切る）	（ペット）	（ポット）

上の単語は文字の名前と同じ読み方をするね。

17

Let's Start

1 数字

0 zero	**1** one	**2** two	**3** three	**4** four	**5** five	**6** six	**7** seven
8 eight	**9** nine	**10** ten	**11** eleven	**12** twelve	**13** thirteen	**14** fourteen	**15** fifteen
16 sixteen	**17** seventeen	**18** eighteen	**19** nineteen	**20** twenty	**30** thirty	**40** forty	**50** fifty
60 sixty	**70** seventy	**80** eighty	**90** ninety	**100** one hundred		**1000** one thousand	

❶ 英語を聞いて，読まれた数字を指でさしましょう。

音声の内容

five(5), ten(10), sixteen(16), twenty(20), sixty(60), one hundred(100), eighteen(18), seventy(70), one thousand(1000), zero(0), eleven(11), thirteen(13), thirty(30)

❷ 会話を聞いて，それぞれの値段を書きましょう。

(1) eraser （消しゴム）	(2) pencil （えんぴつ）	(3) notebook （ノート）	(4) pencil case （筆箱）
¥ 50	¥ 70	¥ 100	¥ 1,000

音声の内容

(1) A: How much is this eraser? （この消しゴムはいくらですか。）
B: It's fifty yen. （それは 50 円です。）

(2) A: How much is this pencil? （このえんぴつはいくらですか。）
B: It's seventy yen. （それは 70 円です。）

(3) A: How much is this notebook? （このノートはいくらですか。）
B: It's one hundred yen. （それは 100 円です。）

(4) A: How much is this pencil case? （この筆箱はいくらですか。）
B: It's one thousand yen. （それは 1,000 円です。）

Listen Speak

2 誕生日

	Sunday	Monday	Tuesday	Wednesday	Thursday	Friday	Saturday
	1 first	2 second	3 third	4 fourth	5 fifth	6 sixth	7 seventh
	8 eighth	9 ninth	10 tenth	11 eleventh	12 twelfth	13 thirteenth	14 fourteenth
	15 fifteenth	16 sixteenth	17 seventeenth	18 eighteenth	19 nineteenth	20 twentieth	21 twenty-first
	22 twenty-second	23 twenty-third	24 twenty-fourth	25 twenty-fifth	26 twenty-sixth	27 twenty-seventh	28 twenty-eighth
	29 twenty-ninth	30 thirtieth	31 thirty-first				

5 May

January	February	March	April	May	June
1月	2月	3月	4月	5月	6月
July	August	September	October	November	December
7月	8月	9月	10月	11月	12月

① 英語を聞いて, 読まれた曜日・日付・月名を指でさしましょう。

Sunday, ninth, April （日曜日, 9日, 4月）
Friday, seventeenth, August, （金曜日, 17日, 8月）
Monday, twenty-first, January （月曜日, 21日, 1月）
Wednesday, thirtieth, November （水曜日, 30日, 11月）
Saturday, second, March （土曜日, 2日, 3月）
Tuesday, thirteenth, June （火曜日, 13日, 6月）
Thursday, twenty-eighth, October （木曜日, 28日, 10月）

② 会話を聞いて, それぞれの誕生日を書きましょう。

Sakura 　4月　25日　　　Kai 　5月　10日

 音声の内容

Kai: 　Sakura, when's your birthday? （サクラ, きみの誕生日はいつ？）
Sakura: It's April 25th. （4月25日よ。）
Kai: 　Wow, April 25th? Today? Happy birthday, Sakura.
　　　（うわー, 4月25日？ 今日なの？ 誕生日おめでとう, サクラ。）
Sakura: Thank you. How about you, Kai? When's your birthday?
　　　（ありがとう。あなたはどう, カイ？ あなたの誕生日はいつ？）
Kai: 　It's May 10th. （5月10日だよ。）
Sakura: May 10th. Next month. （5月10日ね。来月ね。）

③ 友だちの誕生日をたずねましょう。 （省略）

Let's Start

7 英語を聞いて使ってみよう

1 小学校の思い出

① 英語を聞いて，読まれた単語を指でさしましょう。

音声の内容

school marathon, music festival, school trip, graduation ceremony, school camp,
（マラソン大会，音楽祭，修学旅行，卒業式，（学校の）キャンプ）

sports festival, entrance ceremony, drama festival, field trip, swimming meet
（体育祭，入学式，学芸会，遠足，水泳大会）

② 小学校の思い出の行事を言ってみましょう。

→ p.132 Word Box 1

My favorite memory is the school trip. It was great.
（私のいちばんの思い出は修学旅行です。それはすばらしかったです。）

例　My favorite memory is the music festival. It was wonderful.
　　（私のいちばんの思い出は音楽祭です。それはすばらしかったです。）

　　My favorite memory is the sports festival. It was exciting.
　　（私のいちばんの思い出は体育祭です。それはわくわくしました。）

entrance ceremony（入学式）　sports festival（体育祭）　school trip（修学旅行）

music festival（音楽祭）　school camp（（学校の）キャンプ）　drama festival（学芸会）

field trip（遠足，校外学習）　school marathon（マラソン大会）　swimming meet（水泳大会）　graduation ceremony（卒業式）

Listen　 Speak

2 中学校でしたいこと

❶ 英語を聞いて，読まれた単語を指でさしましょう。

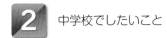
音声の内容

dance club, tennis team, science club, swimming team, judo club, baseball team,
（ダンス部，テニス部，科学部，水泳部，柔道部，野球部）

chorus, art club, track and field team, newspaper club, basketball team, brass band,
（合唱部，美術部，陸上部，新聞部，バスケットボール部，吹奏楽部）

soccer team, English club
（サッカー部，英語部）

❷ あなたが参加したい部活動や，してみたいことを言ってみましょう。　→ p.132 Word Box 2

I like tennis.　（ぼくはテニスが好きです。）
I want to join the tennis team.　（ぼくはテニス部に入りたいです。）

例　I am good at singing.　（私は歌うのが得意です。）
　　I want to join the chorus.　（私は合唱部に入りたいです。）

　　I like soccer.　（ぼくはサッカーが好きです。）
　　I want to join the soccer team.　（ぼくはサッカー部に入りたいです。）

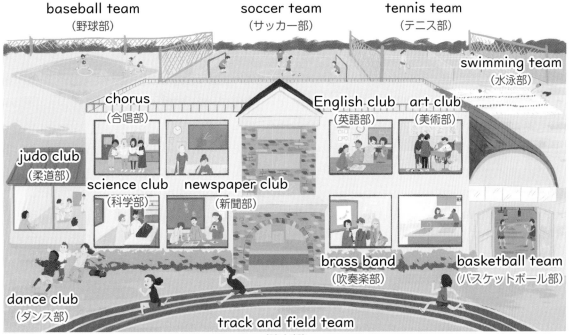

baseball team（野球部）　soccer team（サッカー部）　tennis team（テニス部）

swimming team（水泳部）

chorus（合唱部）　English club（英語部）　art club（美術部）

judo club（柔道部）

science club（科学部）　newspaper club（新聞部）

brass band（吹奏楽部）　basketball team（バスケットボール部）

dance club（ダンス部）

track and field team（陸上部）

Unit 1 英語で話そう

Unit 1 の目標
□ 自己紹介をすることができる。
□ 相手のことについてたずねることができる。

グッド　モーニング　エヴリワン
Good morning, everyone. （おはようございます，みなさん。）
グッド　モーニング
Good morning. （おはようございます。）

教科書 **22** ページ

Part ① 自己紹介をしよう。

発音やイントネーションに気をつけて英文を読んでみよう。 → 本文の解説は p.27 にあります。

Get Ready

ベル先生が自己紹介をしています。

アイム　モウアーナ　べる
① I'm Moana Bell.　私はモアナ・ベルです。

アイム　ふラム　ヌ[ニュ]ー　ズィーらンド
② I'm from New Zealand.　私はニュージーランド出身です。

アイム　グッド　アト スィンギィング
③ I'm good at singing.　私は歌うことが得意です。

Q ベル先生はどこの国の出身ですか。　**解答例**　ニュージーランドです。

 エミリーの自己紹介を聞いて，正しいほうの□に✓をつけましょう。
→ 音声の内容は p.29 にあります。

名前	出身		得意なこと	
Emily Hill	☑ USA		□ singing	
	□ UK		☑ dancing	

New Words　**単語と語句** アクセントの位置に注意して，声に出して発音しよう。

□ **good** [グッド] 形①よい，②上手な
□ **morning** [モーニング] 名朝
□ *Good morning.*　おはよう。
□ **everyone** [エヴリワン] 代みんな，〔呼びかけて〕みなさん
□ **I** [アイ] 代私は[が]

□ **am** [アム] 〔主語が I のとき〕動～です，～である
　I'm [アイム] I am の短縮形
□ **from** [ふラム] 前〔出身・出所・起源〕～から(の)
□ New Zealand [ヌ[ニュ]ーズィーらンド] 名ニュージーランド
□ **at** [アット] 前〔対象〕～が，～を
□ *be good at ~*　～が得意である　　（右ページに続く）

ふつうの文の文末は下げて言おう。　I'm good at singing.（↘）

✔ Target 1

I am Moana Bell.
私はモアナ・ベルです。

- I am ～は「私は～です」を表します。
- I am は I'm と短縮することもできます。

Practice

 例にならって，それぞれの人物になったつもりで，自己紹介をしましょう。

例 Hi. I'm <u>Hana</u>. I'm from <u>Japan</u>.
（こんにちは。私はハナです。私は日本出身です。）
I'm good at <u>baseball</u>.
（私は野球が得意です。）

名前	例 Hana	1. Bruno	2. Ming
出身	Japan	Brazil	China
得意なこと	baseball	swimming	science

1. Hi. I'm Bruno. I'm from Brazil. I'm good at swimming.
　（こんにちは。ぼくはブルーノです。ぼくはブラジル出身です。ぼくは泳ぐことが得意です。）

2. Hi. I'm Ming. I'm from China. I'm good at science.
　（こんにちは。私はミンです。私は中国出身です。私は科学が得意です。）

- ☐ **sing**(ing) [**スィ**ング(ギング)] 動 歌う　　　　　　　　　教科書 **22** ページ
- ☐ USA [**ユーエスエイ**] 图 〔the ～〕アメリカ(合衆国)
　〔United States of America の略〕
- ☐ UK [**ユーケイ**] 图 〔the ～〕イギリス(United Kingdom の略)
- ☐ **dance** (dáncing) [**ダ**ンス(ダンスィング)] 動 ダンスをする, 踊る
- ☐ **hi** [**ハイ**] 間 やあ, こんにちは
- ☐ **the** [(母音の前)ずィ, (子音の前) ざ] 冠 ①〔固有名詞の前につく〕, ②〔相手も自分もわかっているもの, すでに話に出てきたものの前につく〕その, あの（教科書 p. 24）

- ☐ Japan [**ヂャ**パン] 图 日本　　　　　　　　　　　　　　教科書 **23** ページ
- ☐ Bruno [**ブルー**ノウ] 图 ブルーノ〔人の名〕
- ☐ Ming [**ミ**ング] 图 ミン〔人の名〕
- ☐ Brazil [ブラ**ズィ**る] 图 ブラジル
- ☐ China [**チャイナ**] 图 中国
- ☐ **swim**(ming) [**スウィ**ム(ミング)] 動 泳ぐ

Use

Notes

名前の言い方

日本人の名前を英語で表す場合，2通りの言い方があります。
①日本語と同じ「姓→名」
②「名→姓」

Speak ❶ 例にならって，クラスで自己紹介をしましょう。

例　Hi. I'm Suzuki Ken.（こんにちは。ぼくはスズキ・ケンです。）
　　I'm from Higashi Elementary School.（ぼくはヒガシ小学校の出身です。）
　　I'm good at math.（ぼくは数学が得意です。）

解答例　1. Hi. I'm Tajima Yoko. I'm from Asahi Elementary School. I'm good at music.
　　　　（こんにちは。私はタジマ・ヨウコです。私はアサヒ小学校の出身です。私は音楽が得意です。）

　　　　2. Hi. I'm John Brown. I'm from the USA. I'm good at running.
　　　　（こんにちは。ぼくはジョン・ブラウンです。ぼくはアメリカの出身です。ぼくは走ることが得意です。）

 ❷ 例にならって，自分の得意なことを書きましょう。

例

文は大文字で書き始める。ただしＩ（私は）はいつも大文字。

　の所は少しあけて書く。

I'm good at math.　　　（私は数学が得意です。）

短縮するときはアポストロフィ（'）を使う。

文の最後にはピリオド（.）を忘れないように。

解答例

I'm good at singing.

（私は歌うことが得意です。）

I'm good at English.

（私は英語が得意です。）

New Words 　**単語と語句**　アクセントの位置に注意して，声に出して発音しよう。

☐ elementary school ［エれメンタリィ スクーる］图 小学校

Part **2** 相手のことについてたずねよう。

発音やイントネーションに気をつけて英文を読んでみよう。→本文の解説は p.28 にあります。

Get Ready

 ラガーシャツを着ているソラに，ベル先生が話しかけます。

> **Notes**
>
> ラグビー
>
> ベル先生の出身国ニュージーランドでは，ラグビーの人気が高く，代表チーム「オールブラックス」は世界的に有名です。ラグビー選手が着るシャツはラガーシャツ（rugby shirt）と呼ばれています。

Bell: アー　ユー　ア　ラグビィ　ふァン
① Are you a rugby fan?

ベル先生：　あなたはラグビーファンですか。

Sora: ノウ　アイム　ナット　　アイム　ア　サカァ　ふァン
② No, I'm not.　③ I'm a soccer fan.

ソラ：　いいえ，ちがいます。　ぼくはサッカーファンです。

Bell: オウ　ユア(ァ)　ア　サカァ　ふァン　　　　　アー　ユー　ア　グッド　プれイア
④ Oh, you're a soccer fan.　⑤ Are you a good player?

ベル先生：　まあ，あなたはサッカーファンなのですね。　あなたは上手なのですか。

Sora: イェス　アイ　アム　　アイム　ア　メンバァ　オヴ　ざ　サカァ　ティーム
⑥ Yes, I am.　⑦ I'm a member of the soccer team.

ソラ：　はい，そうです。　ぼくはサッカーチームの一員です。

Q ソラの好きなスポーツは何ですか。　（解答例）　サッカーです。

 会話を聞いて，それぞれの好きなスポーツを選びましょう。
→音声の内容は p.29 にあります。

1. (*c*)　　2. (*a*)　　3. (*b*)

a. volleyball　　*b.* soccer　　*c.* baseball　　*d.* basketball

New Words　単語と語句　アクセントの位置に注意して，声に出して発音しよう。

□ **are** [アー] 動 ～です，～である

□ **you** [ユー] 代 あなた（たち）は[が]

□ **a** [ア] 冠 1 つの，1 人の

□ **rugby** [ラグビィ] 名 ラグビー

□ **fan** [ふァン] 名 ファン

□ **no** [ノウ] 副 いいえ

□ **not** [ナット] 副 ～ではない

□ **oh** [オウ] 間 おや，あら

□ **you're** [ユア(ァ)] you are の短縮形

□ **player** [プれイア] 名 選手

□ **yes** [イェス] 副 はい，そうです

□ **member** [メンバァ] 名 メンバー，一員

□ **of** [アヴ] 前 〔部分〕～（の中）の

□ **a member of ~**　～の一員

□ **volleyball** [ヴァりボーる] 名 バレーボール

教科書 **24** ページ

□ **kendo** [ケンドウ] 名 剣道

□ **badminton** [バドミントゥン] 名 バドミントン

□ **manga** [マンガ] 名 マンガ

□ **movie** [ムーヴィ] 名 映画

教科書 **25** ページ

疑問文は文末を上げて言おう。　Are you a rugby fan?（♪）

✔ Target 2

① **You are** a rugby fan.　あなたはラグビーファンです。

② **Are you**　　a rugby fan?　あなたはラグビーファンですか。

③ ——**Yes, I am. / No, I am not.**
はい，そうです。／ いいえ，ちがいます。

- you are ～は「あなたは～です」を表します。
- you are は you're と短縮することもできます。
- 「あなたは～ですか」という疑問文は are を you の前に置き，文末を上げて言います。
- 肯定の答えは yes, 否定の答えは no を使います。
- 否定文は am, are のあとに not を置きます。
- I am not → I'm not

Practice

 例にならって，部活動についてたずねましょう。

例
> Are you a <u>tennis</u> fan?　（あなたはテニスファンですか。）
>
> Are you a member of the <u>tennis team</u>?　（あなたはテニスチームの一員ですか。）

例　tennis / tennis team （テニス／テニスチーム）

1. Are you a kendo fan? Are you a member of the kendo club?
（あなたは剣道ファンですか。あなたは剣道部の一員ですか。）

2. Are you a basketball fan? Are you a member of the basketball team?
（あなたはバスケットボールファンですか。あなたはバスケットボールチームの一員ですか。）

3. Are you a music fan? Are you a member of the brass band?
（あなたは音楽ファンですか。あなたは吹奏楽部の一員ですか。）

4. Are you a drama fan? Are you a member of the drama club?
（あなたは演劇ファンですか。あなたは演劇部の一員ですか。）

Notes

部活動を表す英語

共通の趣味を楽しむことに重きを置く部には club が，スポーツなどで他校と競うことに重きを置く部には team がよく使われます。個人が道を追求する武道（剣道，柔道など）では club がよく使われます。

Use

 ❶ 例にならって，2人の友だちにたずねましょう。Yes の場合は○を，No の場合は×を表に書きましょう。

例　A: Are you a <u>baseball</u> fan?　（あなたは野球ファンですか。）

　　B: Yes, I am. / No, I'm not.　（はい，そうです。／ いいえ，ちがいます。）

（解答例）

友だちの名前	baseball	badminton	manga	movie
Hiromi	○	○	○	×
Takashi	×	○	×	○

 ❷ 例にならって，❶でたずねたことを書きましょう。

例
Are you a baseball fan?　（あなたは野球ファンですか。）

> 質問する文の最後にクエスチョンマーク（?）をつける。

（解答例）
Are you a manga fan?　（あなたはマンガファンですか。）

26

本文の解説

Target 1　**I am** Moana Bell.　（私はモアナ・ベルです。）

I am ～は「**私は～です**」を表します。I am は **I'm** と短縮することもできます。I は「**私は【が】**」という意味の代名詞で、文の途中でもいつも大文字で書くので注意しましょう。**am** は、主語がIのときだけに用いる「**～です、～である**」という意味の動詞です。また、文の終わりには必ず「.」ピリオド（終止符）をつけましょう。

本文の解説　　　　　　　　　　　　　　　　　　教科書 **22** ページ

① I'm Moana Bell.
「**私【ぼく】は～です**」と自己紹介するときは、**I'm** ～を使います。**I'm** は I am を短縮した言い方で、この短縮をするときにつける記号を「'」アポストロフィーと言います。**I'm** ～は、男性・女性どちらの場合にも使います。

----

② I'm from New Zealand.
自分の出身地を伝えるとき、**I'm from** ～と言います。from は「**～から（の）**」という意味の前置詞で、自分の出身地を伝えるときに使います。**I'm from** ～で「**私は～の出身です**」という意味を表します。

----

③ I'm good at singing.
「**私【ぼく】は～が得意です**」と自分の得意なことを伝えたいとき、**I'm good at** ～と言います。at の後ろの～には「得意なこと」が来ます。

Target 2

① **You are** a rugby fan. （あなたはラグビーファンです。）

② **Are you** a rugby fan? （あなたはラグビーファンですか。）

③ ——Yes, I am. / No, I am not.

（はい，そうです。／ いいえ，ちがいます。）

① **you are ～**は「**あなたは～です**」を表します。you are は **you're** と短縮することもできます。**you** は相手をさす語で，「**あなたは〔が〕**」という意味の代名詞です。主語が you のとき，「**～です**」は am ではなく **are** を用います。

② 「**あなたは～ですか**」と相手の名前や状態などをたずねるときは，**Are you ～?** を使います。たずねる文（疑問文）の終わりには（**?**）**クエスチョンマーク**（疑問符）をつけます。

③ 「**あなたは～ですか**」に対して「**はい〔いいえ〕，私は～です〔ではありません〕**」と答えるときは，I と am を使います。「**はい**」と答えるときは Yes, I am. を，「**いいえ**」と答えるときは No, I am not. となります。

本文の解説

教科書 **24** ページ

① Are you a rugby fan?

「**あなたは～ですか。**」と相手の名前などをたずねるときは，**Are you ～?** を使います。are は，主語が you のときに用いる「**～です，～である**」という意味の動詞です。また，たずねる文の終わりには必ず「**?**」クエスチョンマーク（疑問符）をつけ，文の終わりは上げ調子で言いましょう。

----

② No, I'm not. ⑥ Yes, I am.

Are you ～? の文に「**いいえ**」と答えるときは No, I'm not. と言います。反対に，「**はい**」と答えるときは **Yes, I am.** と言います。「あなたは～ですか」と聞かれたので，答えの文の主語が「**私（I）**」になることに注意しましょう。「**,**」コンマは文の区切りを表し，文の途中で使います。

----

③ I'm a soccer fan.

I'm ～（私は～です）の～の部分には，名前や身分や職業などが来ます。

----

④ Oh, you're a soccer fan.

「**あなたは～です**」と相手のことを言うときは，**you are [you're]** ～を使います。**you're は you are の短縮形**です。

----

⑦ I'm a member of the soccer team.

「**私は～です**」と言うときは I'm ～を使います。**I'm は I am の短縮形**です。**a member of ～**は「**～の一員**」という意味です。

Part 1 の音声内容

教科書 **22** ページ

→ 解答は p.22 にあります。

 音声の内容は次の通りです。下線部に注意して，エミリーの自己紹介を聞いて，正しいほうの□に✓をつけましょう。

Hi．I'm Emily Hill．I'm from <u>the USA</u>．I'm good at <u>dancing</u>.

（こんにちは。私はエミリー・ヒルです。私はアメリカの出身です。私はダンスをすることが得意です。）

教科書 **24** ページ

Part 2 の音声内容

→ 解答は p.25 にあります。

 音声の内容は次の通りです。下線部に注意して，それぞれの好きなスポーツを選びましょう。

No. 1
A: Are you a <u>baseball</u> fan?
（あなたは野球ファンですか。）

B: <u>Yes, I am.</u>
（はい，そうです。）

No. 2
A: Are you a <u>soccer</u> fan?
（あなたはサッカーファンですか。）

B: <u>No, I'm not.</u> I'm a <u>volleyball</u> fan
（いいえ，ちがいます。私はバレーボールファンです。）

No. 3
A: Are you a <u>volleyball</u> fan?
（あなたはバレーボールファンですか。）

B: <u>No, I'm not.</u> I'm a <u>soccer</u> fan.
（いいえ，ちがいます。私はサッカーファンです。）

文の書き方

文を書くときの基本的なルールを確認しておきましょう。

① 文のはじめは大文字で書く。Iは文の途中でも大文字。

② 名前のはじめは大文字で書く。

Hi, I'm Moana Bell.
（こんにちは，私はモアナ・ベルです。）

③ 単語と単語の間は1文字分くらいあけて書く。

④ 文の終わりにはピリオド(.)をつける。

⑤ I am → I'm のように，短縮するときはアポストロフィ(')を使う。

⑥ 地名などの固有名詞のはじめは大文字で書く。月や曜日，言語名も同じ。

I'm from New Zealand.
（私はニュージーランドの出身です。）

⑦ 単語はまとまりがわかるように，文字と文字の間をあけすぎないように書く。

つめすぎ✕	あけすぎ✕	よい〇
from	f r o m	from

⑧ 質問する文の終わりにはクエスチョンマーク(?)をつける。

Are you a rugby fan?
（あなたはラグビーのファンですか。）

No, I'm not.　I'm a soccer fan.
（いいえ，ちがいます。私はサッカーファンです。）

⑨ 文と文の間は2文字分くらいあけて書く。

ルールにのっとって，自分のことについて書きましょう。

・名前

I'm Uchida Yuki.

（ぼくはウチダ ユウキです。）

・出身地

I'm from Kamakura.

（ぼくは鎌倉出身です。）

・誕生日

My birthday is July fourth.

（誕生日は 7 月 4 日です。）

・得意なこと

I'm good at singing.

（ぼくは歌うのが得意です。）

文のどこにあっても大文字ではじめるもの

月	曜日	国名	地名	言語名	名前
January（1月）	Sunday（日曜日）	Japan（日本）	Osaka（大阪）	Japanese（日本語）	Nakata Sora（中田 空）
February（2月）	Monday（月曜日）	China（中国）	Beijing（北京）	Chinese（中国語）	Moana Bell（モアナ・ベル）
March（3月）	Tuesday（火曜日）	USA（アメリカ）	New York（ニューヨーク）	English（英語）	Emily Hill（エミリー・ヒル）
April（4月）	Wednesday（水曜日）	UK（イギリス）	London（ロンドン）		

Unit 2 学校で

Unit 2 の目標
- □ 身の回りのものについて説明することができる。
- □ 知らないものについてたずねることができる。
- □ 人を紹介することができる。

教科書 **28** ページ

Part ① 身の回りのものについて説明しよう。

発音やイントネーションに気をつけて英文を読んでみよう。→ 本文の解説は p.38 にあります。

Get Ready

 エミリーが，アオイの持ち物についてたずねています。

Emily: ① Is this a lollipop? <small>イズ ずィス ア らりパップ</small>　エミリー：これは棒つきキャンディーですか。

Aoi: ② No, it isn't. <small>ノウ イット イズント</small> ③ It's a pen. <small>イッツ ア ペン</small>　アオイ：いいえ，ちがいます。それはペンです。

Emily: ④ Wow. <small>ワウ</small> ⑤ It's cute! <small>イッツ キュート</small>　エミリー：わあ。それはかわいいです！

Emily: ⑥ Is that a banana? <small>イズ ざット ア バナナ</small>　エミリー：あれはバナナですか。

Aoi: ⑦ No. ⑧ It's a pencil case. <small>ノウ イッツ ア ペンスる ケイス</small>　アオイ：いいえ，ちがいます。それは筆箱です。

Emily: ⑨ That's cool! <small>ざッツ クーる</small>　エミリー：それはすばらしいです！

Q アオイの説明では，写真のものは何ですか。　**解答例** ペンと筆箱です。

 会話を聞いて，内容に合う絵を選びましょう。
→ 音声の内容は p.41 にあります。
1.(*b*)　2.(*a*)　3.(*c*)

Notes

lollipop と candy

棒つきキャンディーのことを lollipop といいます。英語の candy は，日本語の「キャンディー」とちがって，アメやチョコレートを使用したお菓子全般をさします。

New Words　単語と語句　アクセントの位置に注意して，声に出して発音しよう。

- □ **is** [イズ]〔主語が3人称・単数のとき〕動 ~です，~である
- □ **this** [ずィス] 代 これ，こちら
- □ **lollipop** [ら(一)りパ(一)ップ] 名 ロリポップ，棒つきキャンディー
- □ **it** [イット] 代 それは[が]
  - **isn't** [イズント] is not の短縮形
  - **it's** [イッツ] it is の短縮形
- □ **pen** [ペン] 名 ペン
- □ **wow** [ワウ] 間 うわー
- □ **cute** [キュート] 形 かわいい
- □ **that** [ざット] 代 あれ，それ
- □ **banana** [バナナ] 名 バナナ
- □ **pencil** [ペンスる] 名 えんぴつ
- □ **case** [ケイス] 名 ケース，入れ物
  - **that's** [ざッツ] that is の短縮形
- □ **cool** [クーる] 形 すばらしい，かっこいい
- □ **glasses** [グラスィズ] 名 めがね

アクセントに注意しよう。　banana / pencil case

32

✔ Target 3

① **This is** a lollipop.　これは棒つきキャンディーです。
② **Is this** a lollipop?　これは棒つきキャンディーですか。
③ ——Yes, **it is.** / No, **it is not.　It is** a pen.
　　　　はい，そうです。／ いいえ，ちがいます。それはペンです。

- this is 〜は「これは〜です」を表します。
- this は近くにあるものを，that は離れたところにあるものをさします。
- 疑問文は，is を this の前に出します。
- it はすでに話題に出たものをさします。
- 否定文は，is のあとに not を置きます。
- is not → isn't
  it is → it's

Practice

例にならって，それぞれの絵について，たずね合いましょう。

例　A: Is this a book?（これは本ですか。）
　　B: No, it isn't. It's a notebook.（いいえ，ちがいます。それはノートです。）

例　this / book / notebook（これは／本／ノート）

解答例　1. A: Is this a cabbage?（これはキャベツですか。）
　　　　　B: No, it isn't. It's a lettuce.（いいえ，ちがいます。それはレタスです。）

　　　　2. A: Is this a guitar?（これはギターですか。）
　　　　　B: No, it isn't. It's a violin.（いいえ，ちがいます。それはバイオリンです。）

　　　　3. A: Is that a dog?（あれはイヌですか。）
　　　　　B: No, it isn't. It's a wild boar.（いいえ，ちがいます。それはイノシシです。）

Use

❶ 動物やキャラクターの絵をかいて，内容についてたずね合いましょう。（解答例省略）

例　A: Is this a dog?（これはイヌですか。）
　　B: Yes, it is. / No, it isn't. It's a fox.（はい，そうです。／ いいえ，ちがいます。それはキツネです。）

❷ 例にならって，❶でのやりとりを書きましょう。（解答例省略）

例
Is this a dog?　　　Yes, it is.

> 文の最初の Yes, No のあとにはコンマ (,) をつける。

No, it isn't.　　　It's a fox.

New Words　**単語と語句**　アクセントの位置に注意して，声に出して発音しよう。

- ☐ **book** [ブック] 图本
- ☐ **notebook** [ノウトブック] 图ノート
- ☐ **cabbage** [キャベッヂ] 图キャベツ
- ☐ **lettuce** [れタス] 图レタス
- ☐ **wild boar** [ワイるド ボーァ] 图イノシシ

Part ② 知らないものについてたずねよう。

発音やイントネーションに気をつけて英文を読んでみよう。→ 本文の解説は p.39 にあります。

Get Ready

 エミリーはアオイに，校内にある知らないものについてたずねています。

In the classroom （教室で）

Emily: ① What's this? エミリー：これは何ですか。

Aoi: ② It's a cleaner for the blackboard eraser.

アオイ： それは黒板消し用のクリーナーです。

Emily: ③ That's really cool. エミリー：それは本当にすばらしいですね。

In the teachers' room （職員室で）

Emily: ④ What's that? エミリー：あれは何ですか。

Aoi: ⑤ It's a sasumata. ⑥ It's a tool for self-defense.

アオイ： それは「さすまた」です。 それは自己防衛のための道具です。

Emily: ⑦ Oh! エミリー：まあ！

Q エミリーが知らなかったものは何ですか。 **解答例** 「さすまた」です。

 会話を聞いて，正しいほうを選びましょう。
→ 音声の内容は p.42 にあります。

1. (**a**) **a.** lunch box   2. (**b**) **a.** chocolate   3. (**a**) **a.** school
       b. pencil case   **b.** eraser   **b.** park

New Words | **単語と語句** アクセントの位置に注意して，声に出して発音しよう。

☐ **in** [イン] 前〔場所・領域〕〜（の中）に［で］

☐ **classroom** [クらスルーム] 名 教室

☐ **what** [(フ)ワット] 代 何

  what's [(フ)ワッツ] what is の短縮形

☐ **cleaner** [クりーナァ] 名 掃除機, クリーナー

☐ **for** [ふォー] 前〔用途〕〜のための［に］, 〜用の

☐ **blackboard** [ブらックボード] 名 黒板

☐ **eraser** [イレイサァ] 名 消す道具, 消しゴム

☐ **really** [りー(ア)りィ] 副 本当に

☐ **teacher** [ティーチャ] 名 先生

☐ **room** [ルーム] 名 部屋

☐ **teachers' room** [ティーチャズ ルーム] 名 職員室

☐ **tool** [トゥーる] 名 道具

☐ **self-defense** [せるふディふェンス] 名 自己防衛

☐ **lunch** [ランチ] 名 昼食

☐ **box** [バックス] 名 箱

☐ **chocolate** [チョークれット] 名 チョコレート

What の疑問文は文末を下げて言おう。 What's this? (↘)

✔ Target 4

① Is this a cleaner?　これはクリーナーですか。

② **What** is this?　これは何ですか。

③ ——**It** is a cleaner.　それはクリーナーです。

- what は「何ですか」とたずねるときに，文の最初に置きます。
- what is → what's

Practice

　例にならって，それぞれの写真について，たずね合いましょう。

例　*A:* What's this?（これは何ですか。）―*B:* It's tofu.（それは豆腐です。）

例　this / tofu（これは／豆腐）

(解答例)　1. *A:* What's this?（これは何ですか。）―*B:* It's wasabi.（それはわさびです。）

2. *A:* What's that?（あれは何ですか。）―*B:* It's Tokyo Skytree.（それは東京スカイツリーです。）

3. *A:* What's that?（あれは何ですか。）―*B:* It's Tokyo Dome.（それは東京ドームです。）

Use

　❶　例にならって，What's this? クイズを作りましょう。ペアになり，作ったクイズを出し合いましょう。

例　What's this?　It's an animal.（これは何ですか。それは動物です。）

　　It's black and white.　It's from China.（それは黒と白です。それは中国出身です。）

(解答例)　What's that?　It's a flower.（あれは何ですか。それは花です。）

　　It's pink and white.（それはピンクと白です。）

　❷　例にならって，❶で作ったクイズを書きましょう。

例　What's this?　It's an animal.

> 文と文の間は2文字分くらいあけて書こう。

(解答例)　What's that?　It's a flower.

Notes

an

母音（日本語のアイウエオに似た音）の前では **a** のかわりに **an** を使います。
　an egg
　an orange

New Words　**単語と語句**　アクセントの位置に注意して，声に出して発音しよう。

☐ tofu [トゥフー] 图 豆腐

☐ wasabi [ワーサビ] 图 わさび

　Tokyo Skytree [トウキオウ スカイツリー] 图 東京スカイツリー

　Tokyo Dome [トウキオウ ドウム] 图 東京ドーム

☐ an [アン] 冠（母音で始まる語の前に置くときの a の形）

☐ animal [アニムる] 图 動物

☐ black [ブらック] 形 黒い

☐ and [アンド] 接 ～と…

☐ white [(フ)ワイト] 图 形 白(い)

Part ③ 人を紹介しよう。

発音やイントネーションに気をつけて英文を読んでみよう。→ 本文の解説は p.40 にあります。

Get Ready

 アオイとエミリーは，廊下（ろうか）でアオイのいとこのケントに会いました。

Aoi:
アオイ:
① Emily, this is Kento.　② He's my cousin.
エミリー，こちらはケントです。　彼は私のいとこです。

③ Kento, this is Emily.　④ She's my friend.
ケント，こちらはエミリーです。　彼女は私の友だちです。

⑤ She's from the USA.
彼女はアメリカ出身です。

Emily:
⑥ Nice to meet you, Kento.　エミリー：はじめまして，ケント。

Kento:
⑦ Nice to meet you, too, Emily.　ケント：こちらこそはじめまして，エミリー。

Aoi:
アオイ:
⑧ Emily, he's a good dancer.　⑨ Kento, she's good at dancing, too.
エミリー，彼はダンスが上手です。　ケント，彼女もダンスをすることが得意です。

Emily&Kento:
エミリーとケント:
⑩ Really?
本当ですか。

Notes

cousin「いとこ」

男女の区別なく「いとこ」を表すことばです。uncle（おじ）や aunt（おば）の子どもにあたります。

→教科書後見返し

Q アオイがエミリーに紹介したのはだれですか。　解答例　いとこのケントです。

ソラがある人物を紹介しています。それぞれの名前とソラとの関係を選びましょう。
→ 音声の内容は p.43 にあります。

1. (*b*)(*a*)　　2. (*a*)(*c*)　　3. (*c*)(*d*)
名前　*a*. Rin　　*b*. Sena　　*c*. Nao
関係　*a*. cousin　　*b*. brother　　*c*. sister　　*d*. friend

New Words　単語と語句　アクセントの位置に注意して，声に出して発音しよう。

- ☐ **he** [ヒー] 代 彼は[が]
  - **he's** [ヒーズ] he is の短縮形
- ☐ **my** [マイ] 代 私の
- ☐ **cousin** [カズン] 名 いとこ
- ☐ **she** [シー] 代 彼女は[が]
  - **she's** [シーズ] she is の短縮形
- ☐ **friend** [ふレンド] 名 友だち
- ☐ **nice** [ナイス] 形 すばらしい, うれしい

- ☐ **to** [トゥー] 前 ～して
- ☐ **meet** [ミート] 動 ～に会う
- ☐ *Nice to meet you.*　はじめまして。
- ☐ **too** [トゥー] 副 (～も)また
- ☐ **dancer** [ダンサァ] 名 ダンサー
- ☐ **brother** [ブラざァ] 名 兄弟
- ☐ **sister** [スィスタァ] 名 姉妹

驚き（おどろき）を表す really は上げて言おう。　Really?(↗)

✔ Target 5

① This is Kento. ② **He is** my cousin.
こちらはケントです。　彼は私のいとこです。

③ This is Emily. ④ **She is** my friend.
こちらはエミリーです。　彼女は私の友だちです。

- he, she はすでに話題にのぼっている人をさすときに使います。
- 男性には he を，女性には she を使います。
- he is → he's
  she is → she's

Practice

 例にならって，それぞれの人物を紹介しましょう。

例　This is Hiroshi.　He's my father.（こちらはヒロシです。　彼は私の父です。）

例　Hiroshi / father（ヒロシ／父）

(解答例) 1. This is Sakiko.　She's my sister.（こちらはサキコです。彼女は私の姉です。）

2. This is Tomozo.　He's my grandfather.（こちらはトモゾウです。彼は私の祖父です。）

3. This is Tamae.　She's my friend.（こちらはタマエさんです。彼女は私の友だちです。）

Use

 ❶ 例にならって，友だちやあこがれの人のことを，写真や絵を見せながら紹介しましょう。

例　This is Nakata Sora.（こちらは中田 空君です。）
　　He's my friend.（彼は私の友だちです。）

(解答例)　This is John.（この人はジョンです。）
　　He's a good dancer.（彼はダンスが上手です。）

 ❷ 例にならって，❶で紹介したことを書きましょう。

例　This is Nakata Sora.　He's my friend.

（人名や国・地域の名前，曜日や月の名前はいつも大文字で書き始める。）

(解答例)　This is John.　He's a good dancer.

New Words　**単語と語句**　アクセントの位置に注意して，声に出して発音しよう。

- ☐ **father** [ふァーざァ] 图父
- ☐ **mother** [マざァ] 图母
- ☐ **grandfather** [グランドふァーざァ] 图祖父, おじいさん
- ☐ **grandmother** [グランドマざァ] 图祖母, おばあさん

| Part 1 | 身の回りのものについて説明しよう。 |

Target 3

① **This is** a lollipop. （これは棒つきキャンディーです。）

② **Is this** a lollipop? （これは棒つきキャンディーですか。）

③ ——Yes, **it is.** / No, **it is not. It is** a pen.

　　（はい，そうです。／ いいえ，ちがいます。それはペンです。）

① **This is ～.** は「**これは～です。**」を表します。this は近くにあるものを，そして that は遠くにあるものをさす語です。

② 疑問文は，is を this の前に出し，Is this ～? になります。これには，**Yes, it is.** または は **No, it is not.** と答えます。it はすでに話題に出たものをさすときに使う語です。

③ 否定の文は is の後ろに not を置きますが，isn't と短縮形で表すこともできます。

本文の解説

教科書 **28** ページ

① Is this a lollipop?

Is this ～? は「**これは～ですか。**」という意味です。エミリーはとなりにいるアオイの持っているものをさしているので，**近くのものを表す this** を使っています。

---

② No, it isn't.

No, it isn't. は「**いいえ，（それは）ちがいます。**」という意味です。isn't は is not の短縮形です。it は前の質問文に出てくる a lollipop「ロリポップ，棒つきキャンディー」のことをさしています。

---

③ It's a pen.

It's は **It is** の短縮形です。この It はアオイの答えの文に出てきた a pen「ペン」をさしています。

---

⑥ Is that a banana?

Is that ～? は「**あれは～ですか。**」という意味を表します。エミリーはつくえの上のものをさして質問しているので，**遠くのものを表す that** を使っています。

---

⑨ That's cool!

That's は **That is** の短縮形です。この that はバナナの形をした筆箱のことです。cool は「すばらしい，かっこいい」という意味です。

Part 2　　　　　　　　　　　　　　知らないものについてたずねよう。

Target 4　　　　① Is this a cleaner?　（これはクリーナーですか。）

② **What** is this?　（これは何ですか。）

③ ——It is a cleaner.　（それはクリーナーです。）

What は「何ですか」とたずねるときに，文の最初に置く語です。**What is** は **What's** と短縮形で表すこともできます。

Is this <u>a cleaner</u>?　← 普通の疑問文 「これは〜ですか。」

（下線部が何かわからないとき，**what** を使ってたずねる。）

What is this?　←「これは**何**ですか。」

——It is a cleaner.

教科書 **30** ページ

---

② **It's a cleaner for the blackboard eraser.**

この It は前の文の this をさしています。cleaner は「掃除機，クリーナー」，blackboard eraser は「黒板消し」の意味を表します。**for** は「**〜のための，〜用の**」という**用途**を表す語です。

---

④ **What's that?**

What's that? は「**あれは何ですか。**」という表現です。エミリーは遠くのものをさしているので this ではなく，that を使っています。What's は What is の短縮形です。

---

⑥ **It's a tool for self-defense.**

この It は a *sasumata*「さすまた」をさしています。tool は「道具」，for は②と同じく「〜のための，〜用の」という意味です。self-defense の意味は「自己防衛」です。

Part 3   人を紹介しよう。

Target 5	① This is Kento. ② **He is** my cousin.

① This is Kento.　② **He is** my cousin.
（こちらはケントです。）　（彼は私のいとこです。）

③ This is Emily.　④ **She is** my friend.
（こちらはエミリーです。）　（彼女は私の友だちです。）

最初に **This is 〜 .**「**こちらは〜です。**」と人を紹介し，続けてその人について話すとき，**男性の場合は he「彼は」**を，**女性の場合は she「彼女は」**を使います。
he is は he's，she is は she's と短縮して表すことができます。

本文の解説　　　　　　　　　　　　　　　　　　教科書 **32** ページ

① **Emily, this is Kento.**
this is 〜を使ってものを紹介するときは「これは〜です」と言いますが，**人を紹介するときは，「こちらは〜です」**という言い方をします。

- -

② **He's my cousin.**
アオイが前の文で Kento（ケント）を紹介しています。Kento は男性なので，**「彼は」**を表す **he** を使って紹介を続けています。He's は He is を短縮した形です。cousin は「いとこ」という意味です。**カ**ズンと発音します。つづりにも注意が必要な語です。

- -

④ **She's my friend.**
アオイが前の文で Emily「エミリー」を紹介しています。Emily は女性なので，**「彼女は」**を表す **she** を使って紹介を続けています。She's は She is の短縮形です。friend は「友だち」の意味で，「フ**レ**ンド」と発音します。「エ」を ie とつづることに注意しましょう。

- -

⑥ **Nice to meet you, Kento.**
Nice to meet you. は「**はじめまして。**」という初対面のときに使うあいさつの表現です。直訳すると「あなたに会えてうれしいです。」という意味になります。

- -

⑦ **Nice to meet you, too, Emily.**
too は「**（〜も）また**」という意味を表す語です。エミリーが Nice to meet you, Kento. とあいさつをし，それに対してケントも同じあいさつを返しているので，「こちらこそ」→「ぼくもまたあなたに会えてうれしいです。」ということを表しています。

- -

⑧ **Emily, he's a good dancer.**
good は「**上手な**」で，he's a good dancer は「彼はダンスが上手です」という意味です。

- -

⑨ **Kento, she's good at dancing, too.**
she's good at 〜 は「彼女は〜が得意です」という意味です。「〜」の部分には得意なことが入ります。ここでは dancing「ダンスをすること」が入っています。文末に，**too** があるので，「彼女**もまた**，ダンスをすることが得意です」という意味になります。

Unit 2

Part 1 の音声内容

→ 解答は p.32 にあります。

 音声の内容は次の通りです。下線部に注意して，内容に合う絵を選んで記号を（　　）に書きましょう。

No. 1

A: Is this a pencil case?
（これは筆箱ですか。）

B: <u>No,</u> it isn't. <u>It's a glasses case.</u>
（いいえ，ちがいます。それはめがねケースです。）

No. 2

A: Is this a pencil case?
（これは筆箱ですか。）

B: <u>Yes, it is.</u> It's a pencil case.
（はい，そうです。それは筆箱です。）

No. 3

A: Is that a pencil case?
（あれは筆箱ですか。）

B: <u>No,</u> it isn't. <u>It's a glasses case.</u>
（いいえ，ちがいます。それはめがねケースです。）

Part 2 の音声内容

→ 解答は p.34 にあります。

ポイント 音声の内容は次の通りです。下線部に注意して，正しいほうを選びましょう。

No. 1

A: What's this?
（これは何ですか。）

B: It's <u>a lunch box.</u>
（それはお弁当箱です。）

No. 2

A: What's this?
（これは何ですか。）

B: It's <u>an eraser.</u>
（それは消しゴムです。）

No. 3

A: What's that?
（あれは何ですか。）

B: It's <u>a school.</u>
（それは学校です。）

Part 3 の音声内容

→ 解答は p.36 にあります。

 音声の内容は次の通りです。下線部に注意して，それぞれの名前とソラとの関係を選んで記号を（　）に書きましょう。

No. 1
This is Sena. She is my cousin.
（こちらはセナです。彼女はぼくのいとこです。）

No. 2
This is Rin. She is my sister.
（こちらはリンです。彼女はぼくの姉［妹］です。）

No. 3
This is Nao. He is my friend.
（こちらはナオです。彼はぼくの友だちです。）

時刻

目標：時刻をたずねたり答えたりすることができる。

モデル対話 アオイは，ロンドンに住むダイアナとインターネットで話しています。

アオイ： Hello, Diana. How are you?

（こんにちは，ダイアナ。お元気ですか。）

ダイアナ： Hi, Aoi. I'm OK. But I'm sleepy.

（ああ，アオイ。私は元気です。でも眠いです。）

アオイ： Sleepy? What time is it now?

（眠いのですか。今，何時ですか。）

ダイアナ： It's 1:00 a.m.

（午前1時です。）

アオイ： Oh, I'm sorry.

（まあ，ごめんなさい。）

It's 10:00 a.m. in Japan.

（日本では午前10時です。）

重要表現

A: **What time is it?**

（何時ですか。）

B: **It's** 1:00 a.m.

（午前1時です。）

Step 1 モデル対話を練習して，ペアになって対話をしましょう。

ペアになり，下から好きな場所を選んで，モデル対話を参考にして対話をしましょう。

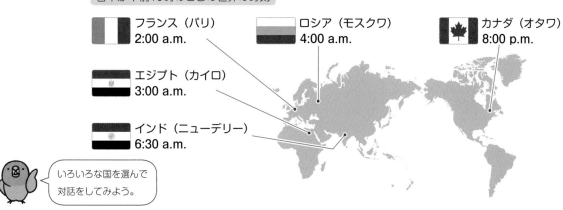

日本が午前10時のときの世界の時刻

フランス（パリ）
2:00 a.m.

ロシア（モスクワ）
4:00 a.m.

カナダ（オタワ）
8:00 p.m.

エジプト（カイロ）
3:00 a.m.

インド（ニューデリー）
6:30 a.m.

いろいろな国を選んで
対話をしてみよう。

→ p.133 Word Box 4

解答例　ロシアの場合

A: What time is it now?
（今，何時ですか。）

B: It's 4:00 a.m.
（午前 4 時です。）

解答例　カナダの場合

A: What time is it now?
（今，何時ですか。）

B: It's 8:00 p.m.
（午後 8 時です。）

New Words　**単語と語句**　アクセントの位置に注意して，声に出して発音しよう。

☐ hello [ヘろウ] 圏 こんにちは
　 Diana [ダイアナ] 图 ダイアナ〔人の名〕
☐ how [ハウ] 副〔状態〕どのようで
☐ *How are you?*　お元気ですか。
☐ OK [オウケイ] 形 まあまあな
☐ but [バット] 接 しかし
☐ sleepy [スりーピィ] 形 眠い
☐ time [タイム] 图 時間, 時刻
☐ now [ナウ] 副 今
☐ a.m. [エイエム] 副 午前
☐ p.m. [ピーエム] 副 午後
☐ sorry [サ(ー)リィ] 形 すまないと思って
☐ *I'm sorry.*　ごめんなさい。

be 動詞

□「(…は) ～です」の意味を表します。

肯定文

▶ be 動詞は主語に応じて形が変わります。

I **am** Sora.
(ぼくはソラです。)

You **are** Emily.
(あなたはエミリーです。)

He **is** Chen.
(彼はチェンです。)

This **is** a pencil case.
(これは筆箱です。)

主語	be 動詞	短縮形
I	am	I'm
you	are	you're
he/she	is	he's/she's
this/that/it	is	that's/it's

否定文

▶「～ではありません」という否定文は,
be 動詞のあとに not を置きます。

She **is** thirteen years old. [肯定文]
(彼女は 13 歳です。)

She **is not** thirteen years old. [否定文]
(彼女は 13 歳ではありません。)

be 動詞＋ not の短縮形
are not ⟶ aren't
is not ⟶ isn't

疑問文

▶「～ですか」という疑問文は, be 動詞を主語の前に出し, 文末にクエスチョンマークをつけます。

You **are** a junior high school student. [肯定文]
(あなたは中学生です。)

Are you a junior high school student? (♪) [疑問文]
(あなたは中学生ですか。)

── Yes, I **am**. / No, I **am not** [I'm not].
(はい, そうです。／ いいえ, ちがいます[そうではありません]。)

Let's Try

 ❶ ペアになって，相手の好きなことと部活動についてたずねましょう。

例 *A:* Are you a baseball fan?
（あなたは野球ファンですか。）

B: Yes, I am.
（はい，そうです。）

A: Are you a member of the baseball team?
（あなたは野球部の部員ですか。）

B: No, I'm not.
（いいえ，ちがいます。）

(解答例) *A:* Are you a volleyball fan?
（あなたはバレーボールファンですか。）

B: Yes, I am.
（はい，そうです。）

A: Are you a member of the volleyball team?
（あなたはバレーボール部の部員ですか。）

B: Yes, I am.
（はい，そうです。）

主語によって be 動詞の形が変わることに注意しましょう。

 ❷ ❶でわかったことをもとに，相手を紹介しましょう。

例 Yuta is a baseball fan.
（ユウタは野球ファンです。）

He isn't a member of the baseball team.
（彼は野球部の部員ではありません。）

(解答例) Hiroko is a volleyball fan.
（ヒロコはバレーボールファンです。）

She is a member of the volleyball team.
（彼女はバレーボール部の部員です。）

Unit 3 海外からの転校生

Part ① ふだんすることや好きなことについて話そう。

発音やイントネーションに気をつけて英文を読んでみよう。→ 本文の解説は p.54 にあります。

Get Ready

 海外からの転校生が，クラスで自己紹介をしています。

ヘろウ マイ ネイム イズ チェン りー
① Hello, my name is Chen Lee. こんにちは。ぼくの名前はチェン・リーです。

コーる ミー チェン
② Call me Chen. ぼくをチェンと呼んでください。

アイム ふラム スィンガポー　アイ らイク バドミントゥン
③ I'm from Singapore. ④ I like badminton.

ぼくはシンガポール出身です。　ぼくはバドミントンが好きです。

イッツ ア ヴェりィ パ(ー)ピュらァ スポート イン スィンガポー
⑤ It's a very popular sport in Singapore.

それはシンガポールでとても人気のあるスポーツです。

アイ スタディ チャパニーズ アふタァ スクーる
⑥ I study Japanese after school. ぼくは放課後に日本語を勉強します。

> **Notes**
>
> **シンガポール**
>
> マレー半島南端の共和国。中国系・マレー系・インド系などの人たちが住む多民族国家です。国の正式名は the Republic of Singapore（シンガポール共和国）といいます。

Q チェンが好きなスポーツは何ですか。　**解答例** バドミントンです。

Listen それぞれの話を聞いて，好きな教科と，放課後にすることを線で結びましょう。
→ 音声の内容は p.57 にあります。

```
1. ●          ● P.E.  ●       ● enjoy drawing
2. ●          ● music ●       ● play the piano
3. ●          ● art   ●       ● play volleyball
```

New Words　単語と語句　アクセントの位置に注意して，声に出して発音しよう。

- ☐ **name** [ネイム] 图 名前
- ☐ **call** [コーる] 動 ～を(…と)呼ぶ
- ☐ **me** [ミー] 代 私を[に]
- ☐ *Call me ～.* 私を～と呼んでください。
- ☐ Singapore [スィンガポー] 图 シンガポール
- ☐ **like** [らイク] 動 ～が好きである
- ☐ **very** [ヴェりィ] 副 とても
- ☐ popular [パ(ー)ピュらァ] 形 人気のある
- ☐ **sport** [スポート] 图 スポーツ

- ☐ **study** [スタディ] 動 (～を)勉強する
- ☐ **after** [アふタァ] 前 ～のあとに
- ☐ *after school* 放課後に
- ☐ **enjoy** [インヂョイ] 動 ～を楽しむ
- ☐ **draw**(ing) [ドゥロー(イング)] 動 絵をかく，(絵など)をかく
- ☐ **play**(ing) [プれイ(イング)] 動 ～をする，～を演奏する
- ☐ **piano** [ピアノウ] 图 ピアノ

発音のちがいに注意しよう。 I, like [ai] / is, this [i]

48

✔ Target 6

I **like** badminton.
私はバドミントンが好きです。

- am, are, is は be 動詞といい, それ以外の動詞は一般動詞といいます。
- like は一般動詞です。

Practice

 例にならって, 絵の中の人物になったつもりで, 何時に何をするかを言いましょう。

例　I get up at seven. （私は7時に起きます。）

例　get up （起きる）

1. I leave home at eight. （私は8時に家を出ます。）
2. I eat lunch at twelve thirty. （私は12時30分に昼食を食べます。）
3. I eat dinner at seven thirty. （私は7時30分に夕食を食べます。）
4. I go to bed at ten. （私は10時に寝ます。）

Use

 ❶ 例にならって, 放課後によくすることについて話しましょう。

例　A: I play basketball after school. How about you?
　　（私は放課後にバスケットボールをします。あなたはどうですか。）

　　B: I play the flute after school.
　　（私は放課後にフルートを演奏します。）

→ p.134 Word Box 5

(解答例)　A: I read comic books after school. How about you?
　　　　（私は放課後にマンガを読みます。）

　　　　B: I play the piano after school.
　　　　（私は放課後にピアノをひきます。）

 ❷ 例にならって, ❶で自分が話したことを書きましょう。

例　I play basketball after school.

(解答例)　I read comic books after school.

New Words　単語と語句　アクセントの位置に注意して, 声に出して発音しよう。

- ☐ **get** [ゲット] 動 (ある状態)になる
- ☐ **up** [アップ] 副 起きて
- ☐ *get up*　起きる
- ☐ **leave** [リーヴ] 動 ～を去る, 出発する
- ☐ **home** [ホウム] 名 家, 家庭
- ☐ **eat** [イート] 動 ～を食べる
- ☐ **dinner** [ディナァ] 名 夕食

- ☐ **go** [ゴウ] 動 行く
- ☐ **bed** [ベッド] 名 ベッド
- ☐ *go to bed*　寝る
- ☐ **about** [アバウト] 前 ～について
- ☐ *How about ～?*　～はどうですか。
- ☐ **flute** [ふるート] 名 フルート

Part ② ふだんすることや好きなことについてたずねよう。

発音やイントネーションに気をつけて英文を読んでみよう。→ 本文の解説は p.55 にあります。

Get Ready

 ソラがチェンに食べ物について質問しています。

ドゥー ユー らイク チャパニーズ ふード
Sora: ① Do you like Japanese food?
ソラ： あなたは日本食が好きですか。

イェス アイドゥー アイ らイク ラーメン
Chen: ② Yes, I do. ③ I like *ramen*.
チェン： はい，好きです。 ぼくはラーメンが好きです。

アイ らイク イット トゥー ハウ アバウト ナットウ
Sora: ④ I like it, too. ⑤ How about *natto*?
ソラ： ぼくもそれが好きです。 納豆はどうですか。

アム アイ ドウント らイク ナットウ
Chen: ⑥ Um.... ⑦ I don't like *natto*.
チェン： あー。 ぼくは納豆が好きではありません。

> **Notes**
>
> *ramen*
> ----
> ラーメンは最近では海外でも人気があり，ramen という単語も英語として使われ始めています。
> ramen noodles や Japanese noodles ということばも使われます。

Q チェンが好きな食べ物は何ですか。 解答例 ラーメンです。

 サラダを作るときの会話を聞いて，それぞれがきらいなものを選びましょう。
→ 音声の内容は p.58 にあります。

1. Sora (*b*) 2. Aoi (*a*) 3. Emily (*c*)

a. onion　　*b.* green pepper　　*c.* carrot　　*d.* tomato

New Words **単語と語句** アクセントの位置に注意して，声に出して発音しよう。

☐ **do** [ドゥー] 助〔疑問文と応答文, 否定文に用いる〕

☐ **food** [ふード] 图食べ物

☐ **um** [アム] 間 えー, あー

　don't [ドウント] do not の短縮形

☐ **o̅nion** [アニョン] 图タマネギ

☐ **green pe̅pper** [グリーン ペパァ] 图ピーマン

☐ **ca̅rrot** [キャロット] 图ニンジン

☐ **toma̅to** [トメイトウ] 图トマト

 How の疑問文は文末を下げて言おう。 How about natto?（↘）

✔ Target 7

① I like Japanese food.　私は日本食が好きです。

② **Do** you like Japanese food?　あなたは日本食が好きですか。

③ ——Yes, I **do**. / No, I **do not**.
　　　はい，好きです。／ いいえ，好きではありません。

④ I **do not** like Japanese food.　私は日本食が好きではありません。

> ● 一般動詞を使った疑問文は，主語の前に do を置きます。
> ● 否定文は，一般動詞の前に do not [don't] を置きます。

Practice

 例にならって，それぞれの絵について，たずね合いましょう。

例　A: Do you eat *natto*?（あなたは納豆を食べますか。）

　　B: Yes, I do. / No, I don't.（自分について答える）

　　（はい，食べます。／ いいえ，食べません。）

例　eat *natto*（納豆を食べる）

解答例　1. A: Do you drink milk?（あなたは牛乳を飲みますか。）

　　　　　B: Yes, I do. / No, I don't.（はい，飲みます。／ いいえ，飲みません。）

　　　　2. A: Do you play tennis?（あなたはテニスをしますか。）

　　　　　B: Yes, I do. / No, I don't.（はい，します。／ いいえ，しません。）

　　　　3. A: Do you play the piano?（あなたはピアノをひきますか。）

　　　　　B: Yes, I do. / No, I don't.（はい，ひきます。／ いいえ，ひきません。）

　　　　4. A: Do you have a pet?（あなたはペットを飼っていますか。）

　　　　　B: Yes, I do. / No, I don't.（はい，飼っています。／ いいえ，飼っていません。）

Use

 ❶ 例にならって，友だちについて知りたいことをたずねましょう。No と答えるときは，一言つけ加えましょう。

例　A: Do you like winter?（あなたは冬が好きですか。）

　　B: Yes, I do. / No, I don't. I like summer.

　　（はい，好きです。／ いいえ，好きではありません。私は夏が好きです。）

解答例　A: Do you like swimming?（あなたは水泳が好きですか。）

　　　　B: Yes, I do. / No, I don't. I like skiing.

　　　　（はい，好きです。／ いいえ，好きではありません。私はスキーが好きです。）

 ❷ 例にならって，❶のやりとりを１つ書きましょう。

例　Do you like winter?　　No, I don't. I like summer.

解答例　Do you like swimming?　　No, I don't. I like skiing.

New Words　**単語と語句**　アクセントの位置に注意して，声に出して発音しよう。

☐ **drink** [ドゥリンク] 動 ～を飲む　　☐ **pet** [ペット] 名 ペット

☐ **milk** [ミるク] 名 ミルク　　☐ **winter** [ウィンタァ] 名 冬

☐ **have** [ハヴ] 動 ～を飼っている　　☐ **summer** [サマァ] 名 夏

Part **3** 相手に指示をしよう。

発音やイントネーションに気をつけて英文を読んでみよう。→ 本文の解説は p.56 にあります。

Get Ready

 ソラとチェンが，写真を見ながら食べ物について話しています。

Chen: ① るック アト ずィス ピクチャ
Look at this picture. ② ずィス イズ チキン アンド ライス
This is chicken and rice.
チェン： この写真を見て。 これはチキンライスです。

③ イッツ ア パ(ー)ピュらァ ふード イン スィンガポー
It's a popular food in Singapore.
それはシンガポールで人気のある食べ物です。

Sora: ④ オウ アイ らイク チキン ヴェリィ マッチ
Oh, I like chicken very much.
ソラ： おお，ぼくは鶏肉が大好きなんです。

Chen: ⑤ れッツ メイク イット トゥゲざァ サムデイ
Let's make it together someday.
チェン： いつかいっしょにそれを作りましょう。

Sora: ⑥ バット アイム ナット グッド アト クッキング
But I'm not good at cooking.
ソラ： でもぼくは料理するのが得意ではありません。

Chen: ⑦ ドウント ワ～リィ
Don't worry. ⑧ アイム ア グッド クック
I'm a good cook.
チェン： 心配しないで。 ぼくは料理が上手なんですよ。

 料理が得意なのはだれですか。 解答例 チェンです。

 英語を聞いて，指示に合う絵を選びましょう。
→ 音声の内容は p.59 にあります。

a. **b.** **c.** **d.**

1.(*d*) 2.(*a*) 3.(*b*) 4.(*c*)

New Words 単語と語句 アクセントの位置に注意して，声に出して発音しよう。

☐ **look** [るック] 動 見る
☐ *look at ~* ～を見る
☐ **picture** [ピクチャ] 图 絵, 写真
☐ **chicken** [チキン] 图 鶏肉
☐ **rice** [ライス] 图 米, ライス
☐ **much** [マッチ]
　　 副〔very much で〕
☐ *very much* とても, たいへん
☐ *let* [れット] 動〔次の連語で〕

☐ *Let's ~.* ～しましょう。
☐ **make** [メイク] 動 ～を作る
☐ **together** [トゥゲざァ]
　　 副 いっしょに
☐ **someday** [サムデイ] 副 いつか
☐ **cook**(ing) [クック(キング)]
　　 動 (～を)料理する 图 コック, 料理人
☐ **worry** [ワ～リィ] 動 悩む, 心配する
☐ **run** [ラン] 動 走る

☐ **open** [オウプン] 動 ～を開ける
☐ **your** [ユア] 代 あなた(たち)の
☐ **textbook** [テクス(ト)ブック]
　　 图 教科書
☐ **page** [ペイヂ] 图 ページ
☐ **window** [ウィンドウ] 图 窓

 つながる音に注意しよう。 Look at / It's a / make it / good at

✔ Target 8

① **Look** at this picture.
この写真を見て。

② **Don't** look at this picture.
この写真を見ないで。

- 「～しなさい」と指示・命令するときは、動詞の原形（元の形）で文を始めます。
- 「～しないで（ください）」と言うときは、動詞の前にDon't をつけます。

Practice

 例にならって、□□□内の語を使って、標識が意味することを言いましょう。

例
Wash your hands.
（手を洗いなさい。）

Don't swim here.
（ここで泳がないでください。）

＊1～4は教科書 p.41 の標識を見て答えましょう。

1. Don't litter ___ .（ごみを散らかすな。）
2. Watch ___ your step.（足元注意。）
3. Don't enter ___ .（立ち入り禁止。）
4. Fasten ___ your seat belt.（シートベルト着用。）

watch	swim	litter
wash	enter	fasten

Use

 ① 例にならって、自分で考えた標識をかき、内容を言いましょう。

例 1.
Take off your shoes.
（くつをぬいでください。）

2.
Don't talk on the phone.
（電話で話さないでください。）

解答例 Don't eat or drink here.（ここで食べたり飲んだりしないでください。）

→ p.134 Word Box 6

 ② 例にならって、①でかいた標識の内容を英語で書きましょう。

例 Take off your shoes in my house.（私の家ではくつをぬいでください。）

Don't talk on the phone on the train.（電車では電話で話さないでください。）

解答例 Don't eat or drink in this room.（この部屋で食べたり飲んだりしないでください。）

New Words 単語と語句 アクセントの位置に注意して、声に出して発音しよう。

- ☐ wash [ワッシ] 動 ～を洗う
- ☐ hand [ハンド] 图 手
- ☐ here [ヒア] 副 ここに[で,へ]
- ☐ step [ステップ] 图 歩み,一歩
- ☐ seat belt [スィート べると] 图 シートベルト
- ☐ watch [ワッチ] 動 ～に注意する
- ☐ litter [りタァ] 動 ごみを散らかす

- ☐ enter [エンタァ] 動 ～に入る
- ☐ fasten [ふアスン] 動 ～を締める
- ☐ take off ～ ～を脱ぐ
- ☐ phone [ふォウン] 图 電話
- ☐ on the phone 電話で
- ☐ train [トゥレイン] 图 電車

Part 1 ふだんすることや好きなことについて話そう。

Target 6 I **like** badminton. （私はバドミントンが好きです。）

am, are, is のことを**be 動詞**と言います。be 動詞以外の動詞を**一般動詞**と言います。**like** は「**〜が好きである**」という意味を表す動詞です。一般動詞は動作や状態，習慣などを表します。be 動詞と同じく，主語の後ろにきて，〈主語＋動詞〉という語順になります。

I am a student. （私は学生です。）
be 動詞　　　　　　　　両方とも〈**主語＋動詞**〉の語順。
I like badminton. （私はバドミントンが好きです。）
一般動詞

本文の解説 教科書 **36** ページ

① **Hello, my name is Chen Lee.**
My name is 〜. は「**ぼく[私]の名前は〜です。**」と自己紹介をするときに，自分の名前を伝える表現です。主語が my name 「ぼく[私]の名前」のときは，「〜です」を表す be 動詞は is になります。

----

② **Call me Chen.**
Call me 〜. は「**ぼく[私]を〜と呼んでください。**」という意味です。call は「〜を呼ぶ」という意味の動詞です。me は「ぼく[私]を」という意味を表します。

----

④ **I like badminton.**
like は「**〜が好きである**」という意味の**一般動詞**です。like の後ろには，その対象となるものが置かれます。ここでは badminton 「バドミントン」です。

----

⑤ **It's a very popular sport in Singapore.**
It's（=It is）の It は前の文の badminton 「バドミントン」のことをさしています。very は「とても」，popular は「人気のある」という意味です。

----

⑥ **I study Japanese after school.**
study は「**〜を勉強する**」という意味の**一般動詞**です。study の後ろには，like のときと同じく，その対象となるものが置かれます。ここでは Japanese 「日本語」となっています。**after school** は「**放課後に**」という意味を表します。

Target 7

① I like Japanese food. （私は日本食が好きです。）

② **Do** you like Japanese food? （あなたは日本食が好きですか。）

③ ——Yes, I **do**. / No, I **do not**.

（はい，好きです。／ いいえ，好きではありません。）

④ I **do not** like Japanese food. （私は日本食が好きではありません。）

一般動詞の疑問文は，主語の前に Do を置いて作ります。否定文のときは，動詞の前に do not を置きます。do not は don't と短縮した形でも使われます。Do you ～？の疑問文には do を使って答え，「はい。」のときは Yes, I do. となり，「いいえ。」なら No, I don't. となります。

本文の解説

教科書 **38** ページ

① Do you like Japanese food?

Do you like ～? で「**あなたは～が好きですか。**」という意味を表します。**一般動詞**の疑問文です。 like の後ろの Japanese food は「日本の食べ物→日本食」という意味になります。

----

② Yes, I do.

Yes, I do. は Do you like ～？という前の文に対する「**はい，好きです〔そうです〕。**」という答えです。Do で聞かれているので，do を使って答えます。「いいえ，好きではありません〔ちがいます〕。」と答えるときは，No, I don't. とします。

----

⑤ How about *natto*?

How about ～? は「**～はどうですか。**」という意味を表します。日本の好きな食べ物の話をしていて，その話の流れで「それでは納豆はどうですか。」と聞いている場面です。

----

⑦ I don't like *natto*.

I don't like ～. は「**ぼく〔私〕は～が好きではありません。**」という意味です。don't は do not を短くした形です。

Part 3　　　　　　　　　　　　　　　　相手に指示をしよう。

Target 8　① **Look** at this picture.
（この写真を見て。）

② **Don't** look at this picture.
（この写真を見ないで。）

 「〜しなさい」と指示や命令をするときは，動詞の原形を文の最初に置いて表します。また，「〜しないで（ください），するな」と否定の指示や命令をするときは，動詞の前に Don't を置いて表します。

本文の解説　　　　　　　　　　　　　　　　　　　　　　教科書 **40** ページ

① **Look at this picture.**
look at 〜は「**〜を見る**」という意味を表します。**動詞の原形を文頭に置くと**，「**〜しなさい。**」という指示や命令を表す文になります。Look at 〜 は「〜を見て[見なさい]」という意味になります。

---

⑤ **Let's make it together someday.**
Let's 〜は「**（私たちは）〜しましょう**」と人に提案するときに使う表現です。Let's は Let us を短くした形です。it は前に出てきた chicken and rice「チキンライス」をさしています。together は「いっしょに」，someday は「いつか」という意味です。

---

⑥ **But I'm not good at cooking.**
but は「しかし，けれども，でも」という意味を表します。**I'm not good at 〜 ing は「ぼく[私]は〜することが得意ではありません**」という否定文です。「私は〜が得意です。」は I'm good at 〜 ing. ですが，否定文にするときは，be 動詞 am の後ろに not を入れます。

---

⑦ **Don't worry.**
Don't worry. は「**心配しないで。**」という否定文で，よく使われる表現です。Don't の後ろは動詞の原形になります。

---

⑧ **I'm a good cook.**
a good cook は直訳すると「上手な料理人」ですが，**I'm a good cook.** で「**ぼく[私]は料理が上手です。**」となります。

56

Unit 3

Part 1 の音声内容

→ 解答は p.48 にあります。

 音声の内容は次の通りです。下線部に注意して，好きな教科と，放課後にすることを線で結びましょう。

No. 1

I like <u>music</u>. I <u>play the piano</u> after school.

（私は音楽が好きです。私は放課後にピアノをひきます。）

No. 2

I like <u>art</u>. I <u>enjoy drawing</u> after school.

（ぼくは美術が好きです。ぼくは放課後に絵をかくことを楽しみます。）

No. 3

I like <u>P.E.</u> I <u>play volleyball</u> after school.

（私は体育が好きです。私は放課後にバレーボールをします。）

Part 2 の音声内容

→ 解答は p.50 にあります。

 音声の内容は次の通りです。下線部に注意して，それぞれがきらいなものを選びましょう。

No. 1
Aoi: Sora, do you like carrots?
アオイ： ソラ，あなたはニンジンが好きですか。

Sora: Yes, I do. But I don't like green peppers.
ソラ： はい，好きです。でもぼくはピーマンが好きではありません。

No. 2
Sora: Aoi, do you like green peppers?
ソラ： アオイ，あなたはピーマンが好きですか。

Aoi: Yes, but I don't like onions.
アオイ： はい，でも私はタマネギが好きではありません。

No. 3
Sora: Emily, do you like carrots?
ソラ： エミリー，あなたはニンジンが好きですか。

Emily: No, I don't.
エミリー： いいえ，好きではありません。

I don't like carrots, but I like green peppers and onions.
私はニンジンが好きではありませんが，ピーマンとタマネギは好きです。

Part 3 の音声内容

→ 解答は p.52 にあります。

 音声の内容は次の通りです。下線部に注意して，指示に合う絵を選びましょう。

No. 1
Don't run.
（走ってはいけません。）

No. 2
Look at the blackboard.
（黒板を見なさい［見てください］。）

No. 3
Open your textbook to page 12.
（教科書 12 ページを開きなさい［開いてください］。）

No. 4
Don't open the window.
（窓を開けないで（ください）。）

Let's Talk 2 私もです

目標：あいづちをうつことができる。

モデル対話　チェンとアオイは，好きな食べ物について話しています。

チェン：　I like *ramen* very much.

（ぼくはラーメンが大好きです。）

アオイ：　Oh, you like *ramen*.

（おや，あなたはラーメンが好きなのですね。）

チェン：　How about you?

（あなたはどうですか。）

アオイ：　I like pizza very much.

（私はピザが大好きです。）

チェン：　Me, too. It's delicious.

（ぼくもです。それはおいしいです。）

重要表現

> *A:* I like pizza very much.
> （私はピザが大好きです。）
>
> *B:* **Me, too.**
> （私もです。）

Step 1　モデル対話を練習して，ペアになって対話をしましょう。

New Words　**単語と語句**　アクセントの位置に注意して，声に出して発音しよう。

☐ pizza［ピーツァ］图 ピザ
☐ **delicious**［ディ**リ**シャス］形 おいしい
☐ *Me, too.*　私もそうです。

Step 2　ペアになり，モデル対話を参考にして，自分の好きなものについて対話をしましょう。
あいづちは Tool Box から自由に選びましょう。

→ p.134 Word Box 7 〜 15

解答例　食べ物の場合

A: I like ice cream very much. How about you?

（私はアイスクリームが大好きです。あなたはどうですか。）

B: Me, too.

（私もです。）

解答例　色の場合

A: I like orange very much. How about you?

（私はオレンジ色が大好きです。あなたはどうですか。）

B: Oh, I see. You have an orange pen. I like green.

（ああ，なるほど。あなたはオレンジ色のペンを持っていますね。私は緑色が好きです。）

Tool Box

くり返すあいづち

● A: I like *ramen*.
　　（私はラーメンが好きです。）
　 B: Oh, you like *ramen*.
　　（おや，あなたはラーメンが
　　好きなのですね。）

その他

● Oh, I see. ああ，なるほど。
● I know. 知っています。

驚き

● Really? ほんとうに？
● Wow! わあ！
● Great! / Good! / Cool! すごいね！

同意

● Me, too. 私もです。
● Oh, yes. ああ，そうだね。

Target のまとめ ② 一般動詞

□「(…は) 〜します」の意味を表します。

肯定文	▶ 主語が I でも you でも形は変わりません。 I **play** tennis well. (私はテニスを上手にします。) You **play** tennis well. (あなたはテニスを上手にします。)
否定文	▶「〜しません」という否定文は，一般動詞の前に do not（短縮形は don't）を置きます。 I **like** math.　［肯定文］ (私は数学が好きです。) I **do not like** math.　［否定文］ (私は数学が好きではありません。)
疑問文	▶「〜しますか」という疑問文は，do を主語の前に置き，文末にクエスチョンマークをつけます。 You **have** a pet.　　　　　［肯定文］ (あなたはペットを飼っています。) **Do** you **have** a pet?（♪）　［疑問文］ (あなたはペットを飼っていますか。) ——Yes, I **do**. / No, I **don't**. (はい，飼っています。／ いいえ，飼っていません。)

Let's Try　ペアになって，好きなことについて会話しましょう。

Speak

例　*A:* I like soccer. Do you like soccer?

（私はサッカーが好きです。あなたはサッカーが好きですか。）

B: Yes, I do. I play soccer every Sunday.

（はい，好きです。私は毎週日曜日にサッカーをします。）

A: Really? Do you have a soccer ball?

（本当ですか。あなたはサッカーボールを持っていますか。）

B: No, I don't.

（いいえ，持っていません。）

A: I have a soccer ball. Let's play soccer together.

（私はサッカーボールを持っています。いっしょにサッカーをしましょう。）

解答例　*A:* I like dogs. Do you like dogs?

（私はイヌが好きです。あなたはイヌが好きですか。）

B: Yes, I do. I have a dog. I walk with him on Sunday.

（はい，好きです。私はイヌを飼っています。日曜日に彼と歩いています。）

A: Really? I don't have a dog but I walk on Sunday, too.

（本当ですか。イヌは飼っていませんが，私も日曜日に歩いています。）

B: Wow! We can walk together next Sunday.

（わあ！　今度の日曜日にいっしょに歩けますね。）

We walk in the morning. Let's meet in the park.

（私たちは午前中に歩きます。公園で会いましょう。）

do not の短縮形は
don't ですよ。

Unit 4 美術館で

Part 1 相手が何をするのかをたずねよう。

発音やイントネーションに気をつけて英文を読んでみよう。 → 本文の解説は p.70 にあります。

Get Ready

 遠足で訪れた美術館で，エミリーとソラが絵を見ています。

Emily:　① Look at this picture.　② What do you see in the picture?
エミリー：　この絵を見て。　あなたは絵の中に何が見えますか。

Sora:　③ I see a horse.
ソラ：　ぼくにはウマが見えます。

Emily:　④ Yes, but I see another animal, too.
エミリー：　ええ，でも私はもう1つの動物も見えます。

Sora:　⑤ What animal do you see?
ソラ：　どんな動物が見えるのですか。

Emily:　⑥ Look at the face carefully.
エミリー：　注意深く顔を見て。

Q エミリーには何匹の動物が見えますか。　　解答例　2匹の動物が見えます。

 3つの会話を聞いて，それぞれが好きなものを選びましょう。
→ 音声の内容は p.73 にあります。

1. Aoi (**b**)　|　2. Emily (**b**)　|　3. Sora (**a**)
a. tennis　**b.** badminton　|　**a.** red　**b.** blue　|　**a.** English　**b.** math

---

New Words　単語と語句　アクセントの位置に注意して，声に出して発音しよう。

☐ **see** [スィー] 動 ～が見える，～を見る
☐ **horse** [ホース] 名 ウマ
☐ **another** [アナざァ] 形 もう1つの，もう1人の
☐ **face** [ふェイス] 名 顔
☐ **carefully** [ケアふりィ] 副 注意深く
☐ **red** [レッド] 名 形 赤(い)

☐ **blue** [ブるー] 名 形 青(い)
☐ **sometimes** [サムタイムズ] 副 ときどき
☐ **with** [ウィず] 前 ～といっしょに
☐ **color** [カらァ] 名 色
☐ **subject** [サブヂェクト] 名 教科

発音のちがいに注意しよう。　face [ei] / animal [æ]

64

✔ Target 9

① **What** do you see in the picture?
あなたは絵の中に何が見えますか。

② **What animal** do you see in the picture?
あなたは絵の中にどんな動物が見えますか。

③ ——**I see a horse.** 私はウマが見えます。

- 「何を，何が」とたずねるときは，what を文の最初に置き，そのあとは疑問文の形にします。
- 「どんな〜」とたずねるときは，「what +名詞」を使います。

Practice

 例にならって，それぞれの絵について，たずね合いましょう。

Tool Box
- anime　アニメ
- manga　マンガ
- song　歌

例　A: What <u>food</u> do you <u>like</u>?（あなたはどんな食べ物が好きですか。）
　　B: I like sushi.（自分について答える）（私はすしが好きです。）

例　food / like（食べ物／〜が好きである）

解答例　1. A: What color do you like?（あなたは何色が好きですか。）
　　　　　B: I like pink.（私はピンク色が好きです。）

　　　　2. A: What subject do you like?（あなたはどんな教科が好きですか。）
　　　　　B: I like English.（私は英語が好きです。）

　　　　3. A: What sport do you play?（あなたはどんなスポーツをしますか。）
　　　　　B: I play baseball.（私は野球をします。）

　　　　4. A: What TV program do you watch?（あなたはどんなテレビ番組を見ますか。）
　　　　　B: I watch baseball games.（私は野球の試合を見ます。）

Use

 ❶ 例にならって，友だちについて知りたいことをたずねましょう。

例　A: What <u>school event</u> do you like?（あなたはどんな学校行事が好きですか。）
　　B: I like the school festival.（私は学校祭が好きです。）

解答例　A: What manga do you like?（あなたはどんなマンガが好きですか。）
　　　　B: I like *Chibi Maruko-chan*.（私は『ちびまる子ちゃん』が好きです。）

 ❷ 例にならって，❶で自分がたずねたことと友だちが答えたことを書きましょう。

例　<u>What school event do you like?</u>　　<u>I like the school festival.</u>

解答例　<u>What manga do you like?</u>　　<u>I like *Chibi Maruko-chan*.</u>

New Words　**単語と語句**　アクセントの位置に注意して，声に出して発音しよう。

☐ súshi [スーシ] 图すし
☐ TV [ティーヴィー] 图テレビ
☐ prógram [プロウグラム] 图番組
☐ evént [イヴェント] 图行事，イベント，出来事

Part ② 2つ[2人]以上の数のもの[人]について話してみよう。

発音やイントネーションに気をつけて英文を読んでみよう。→本文の解説は p.71 にあります。

Get Ready

 美術館で，エミリーとソラがもう１つの絵を見ています。

Emily:　① This is a strange picture of a penguin.
エミリー：　　これは不思議なペンギンの絵です。

Sora:　② I see two animals in the picture.
ソラ：　　ぼくは絵の中に２つの動物が見えます。

　③ Look at the picture upside down.
　　絵をさかさまに見てください。

Emily:　④ Oh, now I see a cow.　⑤ Um....
エミリー：　　まあ，今は雌牛が見えるわ。　　えー…。

　⑥ Do you see two people's faces, too?
　　あなたは２つの人の顔も見えますか。

Sora:　⑦ No, I don't.
ソラ：　　いいえ，見えません。

Q ソラに見えていないものは何ですか。　　解答例　２つの人の顔です。

 会話を聞いて，それぞれが飼っているペットを選びましょう。
→音声の内容は p.74 にあります。

a. 　b. 　c. 　d.

1. Aoi (*a*)　　2. Emily (*b*)　　3. Chen (*d*)

New Words　単語と語句　アクセントの位置に注意して，声に出して発音しよう。

☐ strange [ストゥレインヂ] 形 奇妙な,不思議な

☐ penguin [ペングウィン] 名 ペンギン

☐ upside [アップサイド] 名 上側

☐ down [ダウン] 副 下へ

☐ *upside down* さかさまに

☐ cow [カウ] 名 ウシ, 雌牛

☐ people [ピープる] 名 人々

☐ bird [バ～ド] 名 鳥

---

s の発音のちがいに注意しよう。　animals [z] / faces [iz] / books [s]

✔ Target 10

> ● 2つ[2人]以上のもの[人]を表す場合，その名詞の後ろにsまたはesをつけます。(→ p.231)

① I see an　animal.
　　私は1匹の動物が見えます。
② I see two animal**s.**
　　私は2匹の動物が見えます。

Practice

 例にならって，ほしいものとその数を言いましょう。

例　I want <u>two</u> <u>lemons.</u>（私は2つのレモンがほしいです。）

例　lemon（レモン）

1. I want three apples.（私は3つのリンゴがほしいです。）
2. I want four green peppers.（私は4つのピーマンがほしいです。）
3. I want five peaches.（私は5つのモモがほしいです。）
4. I want six tomatoes.（私は6つのトマトがほしいです。）

→ p.18 Let's Start 6

Use

 ❶ 例にならって，あなたの筆箱に入っているものとその数を伝え合いましょう。

例　A: What do you have in your pencil case?（あなたの筆箱には何が入っていますか。）
　　B: I have <u>one eraser, three pens, and five pencils.</u>
　　　（1つの消しゴムと3本のペンと5本のえんぴつが入っています。）

→ p.136 Word Box 16

(解答例)　A: What do you have in your pencil case?
　　B: I have two mechanical pencils and four ballpoint pens.
　　　（2本のシャープペンシルと4本のボールペンが入っています。）

 ❷ 例にならって，❶であなたが答えたことを書きましょう。

例　<u>I have one eraser, three pens, and five pencils in my pencil case.</u>

(解答例)　<u>I have two mechanical pencils and four ballpoint pens in my pencil case.</u>

New Words　**単語と語句**　アクセントの位置に注意して，声に出して発音しよう。

☐ **want** [ワント] 動 ～がほしい
☐ lemon(s) [れモン(ズ)] 名 レモン
☐ peach [ピーチ] 名 モモ

Part ③ 数がいくつあるのかをたずねてみよう。

発音やイントネーションに気をつけて英文を読んでみよう。 → 本文の解説は p.72 にあります。

Get Ready

 チェンとアオイが，美術館のみやげもの売り場で話しています。

Chen: アイ ワント サム ポウストカーズ
①I want some postcards.

チェン： ぼくはいくつかのはがきがほしいです。

Aoi: ハウ メニィ ポウストカーズ ドゥー ユー ワント
②How many postcards do you want?

アオイ： あなたは何枚のはがきがほしいのですか。

Chen: れット ミー スィー アイ ワント すリー ふォー マイ ふァミリィ
③Let me see.... ④I want three for my family.

チェン： ええと…。 家族のために３枚ほしいです。

アオイ ドゥー ユー ワント エニィ スーヴェニアズ
⑤Aoi, do you want any souvenirs?

アオイ，あなたはおみやげがほしいですか。

Aoi: イエス アイドゥー アイ ワント ずィーズ キー リングズ
⑥Yes, I do. ⑦I want these key rings.

アオイ： ええ，ほしいです。私はこれらのキーホルダーがほしいんです。

ぜィア ビューティふる
⑧They're beautiful.

それらは美しいです。

Notes

絵はがき，キーホルダー

「絵はがき」は postcard で表します。海外で売られているはがきには，たいてい絵や写真が印刷されています。
「キーホルダー」は和製英語で，英語では key ring や key chain と言います。

Q チェンはだれにみやげを買おうとしていますか。 **解答例** 家族にです。

ソラとエミリーが美術館のみやげもの売り場で話しています。
会話を聞いて，ソラがほしいものの数を書きましょう。 → 音声の内容は p.75 にあります。

1. key ring （ 4 ）　　2. pen （ 2 ）　　3. postcard （ 10 ）

New Words 単語と語句 アクセントの位置に注意して，声に出して発音しよう。

- [ ] **some** [サム] 彫いくつかの, いくらかの
- [ ] **postcard(s)** [ポウストカード(ズ)] 图(絵)はがき
- [ ] **many** [メニィ] 彫多くの, たくさんの
- [ ] *Let me see.* ええと。
- [ ] **family** [ふァミリィ] 图家族
- [ ] **any** [エニィ] 彫①〔疑問文で〕いくつかの, いくらかの, ②〔否定文で〕少しも, 1つも
- [ ] **souvenir(s)** [スーヴェニア(ズ)] 图みやげ
- [ ] **these** [ずィーズ] 彫これらの
- [ ] **key ring(s)** [キー リング(ズ)] 图キーホルダー
- [ ] **they** [ぜイ] 代彼らは[が], 彼女らは[が], それらは[が]
  they're [ぜィア] they are の短縮形
- [ ] **beautiful** [ビューティふる] 彫美しい
- [ ] **need** [ニード] 動～を必要とする

th の発音のちがいに注意しよう。　three [θ] / these, they [ð]

68

✔ Target 11

① Do you want any postcards?
あなたは絵はがきがほしいのですか。

② **How many** postcard**s** do you want?
あなたは絵はがきが何枚ほしいですか。

③ ——I want three postcards.　私は絵はがきが３枚ほしいです。

- 「いくつ」と数をたずねるときは how many を使います。
- how many の後ろには複数形の名詞が続きます。

Practice

例にならって，次のものがいくつ必要か，たずね合いましょう。

このページの **New Words** は p.75 にあります。

例　A: How many <u>tables</u> do you need?（あなたはいくつのテーブルが必要ですか。）
　　B: I need <u>two tables</u>.（私は２つのテーブルが必要です。）

例　table（テーブル）

解答例　1. A: How many chairs do you need?（あなたはいくつのいすが必要ですか。）
　　　　　 B: I need six chairs.（私は６つのいすが必要です。）

　　　　2. A: How many spoons do you need?（あなたはいくつのスプーンが必要ですか。）
　　　　　 B: I need thirteen spoons.（私は13のスプーンが必要です。）

　　　　3. A: How many glasses do you need?（あなたはいくつのコップが必要ですか。）
　　　　　 B: I need seven glasses.（私は７つのコップが必要です。）

　　　　4. A: How many dishes do you need?（あなたは何枚の皿が必要ですか。）
　　　　　 B: I need eight dishes.（私は８枚の皿が必要です。）

Use

❶ 例にならって，次のものをいくつ持っているか，たずね合いましょう。

例　A: How many <u>comic books</u> do you have?（あなたは何冊のマンガ本を持っていますか。）
　　B: I have <u>ten comic books</u>. / I don't have any comic books.
　　（私は10冊のマンガ本を持っています。／私は１冊もマンガ本を持っていません。）

解答例　1. A: How many CDs do you have?（あなたは何枚の CD を持っていますか。）
　　　　　 B: I have twelve CDs. / I don't have any CDs.
　　　　　 （私は12枚の CD を持っています。／私は１枚も CD を持っていません。）

　　　　2. A: How many dictionaries do you have?（あなたは何冊の辞書を持っていますか。）
　　　　　 B: I have four dictionaries. / I don't have any dictionaries.
　　　　　 （私は４冊の辞書を持っています。／私は１冊も辞書を持っていません。）

　　　　3. A: How many handkerchiefs do you have?（あなたは何枚のハンカチを持っていますか。）
　　　　　 B: I have nine handkerchiefs. / I don't have any handkerchiefs.
　　　　　 （私は９枚のハンカチを持っています。／私は１枚もハンカチを持っていません。）

❷ 例にならって，❶で自分がたずねたことと友だちが答えたことを書きましょう。

例　<u>How many comic books do you have?</u>　<u>I have ten comic books.</u>（解答例省略）

Unit 4 本文の解説

Part 1　　　　　　　　　　　相手が何をするのかをたずねよう。

Target 9

① **What**　　　　　do you see in the picture?
（あなたは絵の中に何が見えますか。）

② **What animal** do you see in the picture?
（あなたは絵の中にどんな動物が見えますか。）

③ ──I see a horse. （私はウマが見えます。）

① 「何を，何が」とたずねるときは，**what** を文の頭に置き，その後ろに疑問文の形を続けます。ここでは do で始まる疑問文「～しますか」が続きます。

② 「どんな～」とたずねるときは，〈**what ＋名詞**〉に疑問文の形を続けます。この文も①と同様に do で始まる疑問文が続いています。

本文の解説
教科書 **44** ページ

② What do you see in the picture?
「何を～しますか。」は 〈What do+ 主語＋動詞～ ?〉で表します。see は「～が見える」という意味の動詞です。**What do you see ～?** で「**何が見えますか。**」という意味になります。in the picture は「絵の中に」です。

---

④ Yes, but I see another animal, too.
but は「でも，しかし」という意味の接続詞です。ソラが「馬が見える」と言ったことに対してエミリーが Yes「そうですね」と同意したあと，別の意見を述べるときに使われています。another は「もう1つの」という意味の形容詞です。too は「～もまた」という意味です。エミリーは see another animal, too「もう1つの動物も見える」と言っています。

---

⑤ What animal do you see?
〈**what ＋名詞**〉で「**どんな～**」を表します。What animal は「どんな動物」という意味になります。これに do you see?「あなたは見えますか」という疑問文の形が続いています。

---

⑥ Look at the face carefully.
①にも出てきましたが，Look at ～ . は「～を見て（ください）。」という意味を表す命令文です。face は「顔」，carefully は「注意深く」という意味になります。the face は，絵の中の動物の顔のことです。

Part 2 ▶ 2つ[2人]以上の数のもの[人]について話してみよう。

Target 10 ① I see an animal. （私は1匹の動物が見えます。）

② I see two animals. （私は2匹の動物が見えます。）

 1つのものや1人を表すときは，名詞の前にaやanをつけますが，2つ[2人]以上のもの[人]を表すときは，その名詞の最後にsまたはesをつけて表します。

本文の解説   教科書 **46** ページ

① **This is a strange picture of a penguin.**

strange は「不思議な」という意味の形容詞です。penguin は「ペンギン」ですが，発音は「**ペングィン**」となります。ui のつづりにも注意しましょう。

----

② **I see two animals in the picture.**

two animals で「2つの動物」という意味を表します。2つ[2人]以上のもの[人]を表すときは，名詞最後の部分にsまたはesをつけます。このような形を複数形と言います。animal には s がついていますが，tomato「トマト」の複数形は es がついて tomatoes となるので注意しましょう。

----

③ **Look at the picture upside down.**

Look at ～ . は Part 1 にも出てきましたが，「～を見て（ください）。」という命令文です。**upside down** は「**さかさまに**」という意味を表します。

----

④ **Oh, now I see a cow.**

now は「今(は)」という意味を表します。cow は「ウシ, 雌牛」です。Now I see ～ . で「今は～が見えます。」という意味になります。絵をさかさまにしたことで，雌牛が見えるようになったとエミリーは言っているのです。

----

⑥ **Do you see two people's faces, too?**

people's は「人々の」という意味です。faces は「顔」の意味を表す face の複数形です。two people's faces で「2つの人の顔」という意味になります。

Target 11

① Do you want any postcards?
　　（あなたは絵はがきがほしいのですか。）

② **How many** postcards do you want?
　　（あなたは絵はがきが何枚ほしいですか。）

③ ——I want three postcards. （私は絵はがきが3枚ほしいです。）

「いくつの〜」と数をたずねるときには How many を使い，後ろに名詞の複数形を置きます。その後ろには疑問文の形が続きます。

本文の解説 　　　　　　　　　　　　　　　　　　教科書 **48** ページ

① **I want some postcards.**
I want 〜 . は「私は〜がほしいです。」という意味を表します。**some** は主に**肯定文**で使われ，「**いくつかの，いくらかの**」という意味で，複数形の名詞の前に置かれます。postcards は postcard「（絵）はがき」の複数形です。

② **How many postcards do you want?**
How many 〜? で「**いくつの〜か。**」と数量をたずねています。「〜」の部分には複数形の名詞が来ます。do で始まる疑問文がそれに続いています。「何枚の〜がほしいですか。」という意味の文です。

③ **Let me see....**
Let me see. は「**ええと。そうですね。**」などという意味で，すぐに答えが出ないときや，何かを思い出そうとするときなどに使う表現です。

④ **I want three for my family.**
for は「〜のために，〜用に」という意味を表します。family は「家族」です。for my family で「家族のために，家族用に」という意味になります。

⑤ **Aoi, do you want any souvenirs?**
any は主に**疑問文・否定文**で使われ，「**いくつかの，いくらかの，何か**」という意味の語です。souvenir は「おみやげ」という意味を表します。発音とつづりに注意しましょう。

⑦ **I want these key rings.**
these は「**これらの**」という意味で，this「この」の複数形です。key rings は key ring「キーホルダー」の複数形です。

⑧ **They're beautiful.**
they're は they are を短くした形です。**they** は「**それらは**」の意味で，前に出てきた key rings をさしています。beautiful は「美しい，きれいな」という意味の形容詞です。

Unit 4

Part 1 の音声内容

→ 解答は p.64 にあります。

 音声の内容は次の通りです。下線部に注意して，それぞれが好きなものを選んで記号を
（　　）に書きましょう。

No. 1

Chen:　Aoi, what sport do you like?
チェン：　アオイ，あなたはどんなスポーツが好きですか。

Aoi:　I like badminton. I sometimes play it with my sister.
アオイ：　私はバドミントンが好きです。私はときどき妹[姉]といっしょにそれをします。

No. 2

Sora:　Emily, what color do you like?
ソラ：　エミリー，あなたは何色が好きですか。

Emily:　I like blue.
エミリー：　私は青が好きです。

Sora:　Oh, me, too.
ソラ：　ああ，ぼくもです。

No. 3

Emily:　Do you like math, Sora?
エミリー：　ソラ，あなたは数学が好きですか。

Sora:　No, I don't.
ソラ：　いいえ，好きではありません。

Emily:　What subject do you like?
エミリー：　あなたはどんな教科が好きですか。

Sora:　I like English.
ソラ：　ぼくは英語が好きです。

Part 2 の音声内容

→ 解答は p.66 にあります。

ポイント 音声の内容は次の通りです。下線部に注意して，それぞれが飼っているペットを選びましょう。

No. 1

Sora:　Aoi, do you have a pet?

ソラ：　アオイ，あなたはペットを飼っていますか。

Aoi:　Yes. I have a cat.

アオイ：　はい。私は1匹のネコを飼っています。

No. 2

Sora:　How about you, Emily? Do you have a pet?

ソラ：　あなたはどうですか，エミリー？ あなたはペットを飼っていますか。

Emily:　Yes. I have two cats. I like cats very much.

エミリー：　はい。私は2匹のネコを飼っています。私はネコが大好きです。

Sora:　Me, too.

ソラ：　ぼくもです。

No. 3

Aoi:　Chen, do you have a cat, too?

アオイ：　チェン，あなたもネコを飼っていますか。

Chen:　No. I have two birds.

チェン：　いいえ。 ぼくは2羽の鳥を飼っています。

Part 3 の音声内容

→ 解答は p.68 にあります。

 音声の内容は次の通りです。下線部に注意して，ソラがほしいものの数を（　　）に書きましょう。

No. 1

Emily: How many key rings do you want?

エミリー： あなたはいくつのキーホルダーがほしいですか。

Sora: I want four key rings.

ソラ： ぼくは４つのキーホルダーがほしいです。

No. 2

Sora: I want some pens, too.

ソラ： ぼくは何本かのペンもほしいです。

Emily: How many pens do you want?

エミリー： あなたは何本のペンがほしいのですか。

Sora: I want two.

ソラ： ２本ほしいです。

No. 3

Sora: I need some postcards.

ソラ： ぼくはいくつかの絵はがきが必要なんです。

Emily: How many postcards do you need?

エミリー： あなたは何枚の絵はがきが必要なのですか。

Sora: Ten postcards.

ソラ： 10枚の絵はがきです。

p.69 の **New Words**

New Words **単語と語句** アクセントの位置に注意して，声に出して発音しよう。　　教科書 **49** ページ

☐ táble(s) [テイブる(ズ)] 图テーブル

☐ chair [チェア] 图いす

☐ spoon [スプーン] 图スプーン

☐ glass [グらス] 图コップ, グラス

☐ dish [ディッシ] 图皿

☐ cómic book(s) [カミック ブック(ス)] 图マンガ本

☐ CD [スィーディー] 图CD〔compact disc の略語〕

☐ dictionary [ディクショネリィ] 图辞書

☐ handkerchief(s) [ハンカチふ(ス)] 图ハンカチ

Let's Talk 3 ショッピング

目標：値段をたずねることができる。

モデル対話 エミリーはショッピングモールで買い物をしています。

エミリー： Excuse me. I want a dress.
（すみません。ドレスがほしいのですが。）

店員： Just a moment, please.
（少しお待ちください。）

How about this dress?
（このドレスはいかがですか。）

エミリー： It's cool. How much is it?
（すてきですね。それはいくらですか。）

店員： It's 3,000 yen.
（それは 3,000 円です。）

アオイ： Wow. That's great.
（わあ。いいですね。）

重要表現

A: **How much** is it**?**
（それはいくらですか。）

B: **It's** 3,000 yen.
（それは 3,000 円です。）

New Words 単語と語句 アクセントの位置に注意して，声に出して発音しよう。

- excuse ［イクスキューズ］動 ～を許す
- *Excuse me.* すみません。
- dress ［ドゥレス］名 ドレス, 婦人服
- just ［ヂャスト］副 ちょっと
- moment ［モウメント］名 少しの間
- please ［プリーズ］副 どうか, どうぞ
- *Just a moment, please.* 少々お待ちください。
- yen ［イェン］名 円
- great ［グレイト］形 すばらしい
- T-shirt ［ティーシャ～ト］名 T シャツ
- shirt ［シャ～ト］名 シャツ

76

Step 1 モデル対話を練習して，ペアになって対話をしましょう。

Speak

Step 2 下の品物に値段をつけ，ペアになり，モデル対話を参考にして，対話をしましょう。

(解答例) Tシャツの場合

A: How much is this T-shirt?

(このTシャツはいくらですか。)

B: It's 2,000 yen.

(それは2,000円です。)

(解答例) シャツの場合

A: How much is that shirt?

(あのシャツはいくらですか。)

B: It's 3,500 yen.

(それは3,500円です。)

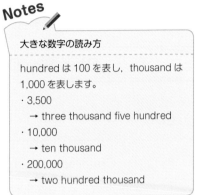

Notes

大きな数字の読み方

hundred は 100 を表し，thousand は 1,000 を表します。

・3,500
→ three thousand five hundred
・10,000
→ ten thousand
・200,000
→ two hundred thousand

T-shirt
2,000円

shirt
3,500円

hat
2,900円

ほかの商品でも対話を
してみよう。

→ p.137 Word Box 17

Let's Listen 1 フロア案内

目標：店内の情報を聞き取ることができる。

Listen

デパートの受付での会話を聞いて，1 〜 4 に入るものを a 〜 d から選びましょう。

1.（ **d** ）　2.（ **b** ）　3.（ **a** ）　4.（ **c** ）

Blue Sky Department Store

6 F	Books（書籍）&（ 4 ）
5 F	Children's Clothes（子ども服）
4 F	（ 3 ）
3 F	（ 2 ）
2 F	（ 1 ）
1 F	Shoes（くつ）

a. Men's Clothes
（紳士服）

b. Women's Clothes
（婦人服）

c. Coffee Shop
（喫茶店）

d. Bags
（バッグ）

🎧 発音コーナー① アクセント

日本語の単語では，すべての文字が同じ強さで発音されますが，英語の単語では，特に強く発音される音があります。

▶ 次の日本語と英語を，音の強さのちがいに注意して言ってみましょう。

1. バッグ　2. ドレス　3. ショッピング

　 bȧg　　　drėss　　shȯpping

●の部分を強めに
発音してみよう。

Customer: **Excuse me. I want a dress.**
客： すみません。ドレスがほしいのですが。

Clerk: **Women's clothes are on the third floor.**
店員： 婦人服は 3 階にあります。

Customer: **Excuse me. Where are bags?**
客： すみません。バッグはどこですか。

Clerk: **They are on the second floor.**
店員： それらは 2 階にあります。

Customer: **Excuse me. I want a tie.**
客： すみません。ネクタイがほしいのですが。

Clerk: **Men's clothes are on the fourth floor.**
店員： 紳士服は 4 階にあります。

Customer: **Excuse me. Do you have a coffee shop?**
客： すみません。喫茶店はありますか。

Clerk: **Yes. We have one on the sixth floor.**
店員： はい。6 階にあります。

New Words **単語と語句** アクセントの位置に注意して，声に出して発音しよう。

☐ **floor** [ふろー] 名 階
☐ *on the ~ floor* ～階に
☐ **where** [(フ)ウェア] 副 どこに［で］
☐ **tie** [タイ] 名 ネクタイ
☐ **shopping** [シャピング] 名 ショッピング，買い物

Target のまとめ ③ 名詞の複数形

□ 英語の名詞には，単数と複数で別の形があります。

▶ 名詞の複数形は，名詞に s または es をつけて作ります。（⇒ p.231 ①名詞の複数形）

book → **books**（本）　　dog → **dogs**（イヌ）　　student → **students**（生徒）

box → **boxes**（箱）　　bus → **buses**（バス）　　dish → **dishes**（皿）

▶ 名詞が複数形になると，this は these に，that は those になります。

I like this flower. → I like these **flowers**.
（私はこの花が好きです。）　　（私はこれらの花が好きです。）

▶ 名詞の複数形が主語になるときは，be 動詞は are を使います。

Those **flowers** **are** beautiful.
（あれらの花はきれいです。）

▶ 名詞の数をたずねる疑問文：「何人の［いくつの］…を〜しますか」と，人やものの数をたずねるときは，「How many ＋名詞の複数形」を使います。

How many brothers do you have?　（↘）
（あなたには何人の兄弟がいますか。）

　　—— I have two **brothers**.
　　　　（2人います。）

How many books do you have?　（↘）
（あなたは本を何冊持っていますか。）

　　—— I have twenty **books**.
　　　　（20 冊持っています。）

> water（水）や music（音楽）のように，1 つ 2 つと数えられない名詞は，複数形にしません。また，a もつけません。
> × waters　　× a water

Let's Try　ペアになって，相手が持っているものについて会話しましょう。

例　A: Do you have any pets?
　　（あなたは何かペットを飼っていますか。）

　　B: No, I don't. I don't have any pets. How about you?
　　（いいえ。私はペットは何も飼っていません。あなたはどうですか。）

　　A: I have cats. They are very cute.
　　（私はネコを飼っています。とてもかわいいです。）

　　B: How many cats do you have?
　　（ネコを何匹飼っていますか。）

　　A: I have three cats.
　　（3匹飼っています。）

解答例　A: Do you have any CDs?
　　（あなたは何か CD を持っていますか。）

　　B: Yes, I have eight music CDs. How about you?
　　（はい，音楽のＣＤを８枚持っています。あなたはどうですか。）

　　A: I have three CDs. They are J-pop CDs.
　　（3枚の CD を持っています。それらはJポップの CD です。）

　　B: Do you like J-pop?
　　（あなたはJポップが好きなのですか。）

　　Yes, I sing to the CDs.
　　（はい，私は CD に合わせて歌います。）

Project 1 　自己紹介をしよう

 自己紹介を読んで，わかったことをメモしましょう。

 どんな相手に自己紹介をしているかな。

Hi.
（こんにちは。）

I'm Kato Haruka.
（私はカトウ ハルカです。）

I'm from Kita Elementary School.
（私はキタ小学校から来ました。）

I like sports.
（私はスポーツが好きです。）

I'm a member of the tennis team.
（私はテニス部の部員です。）

My favorite tennis player is Osaka Naomi.
（私の好きなテニス選手は大坂なおみさんです。）

Thank you.
（ありがとうございました。）

Hello.
（こんにちは。）

My name is Kaito Yano.
（ぼくの名前はヤノ カイトです。）

Call me Kai.
（カイと呼んでください。）

I live in Tokyo, Japan.
（ぼくは日本の東京に住んでいます。）

I like cooking.
（ぼくは料理が好きです。）

I sometimes cook lunch on Sunday.
（日曜日にはときどき昼食を作ります。）

Thank you.
（ありがとうございました。）

- 名前
  カトウ ハルカ

- 出身小学校
  キタ小学校

- 部活動
  テニス部

- そのほか
  好きなテニス選手は大坂なおみさん

- 名前
  ヤノ カイト

- 住んでいるところ
  日本の東京

- 好きなこと
  料理

- そのほか
  日曜日にときどき昼食を作る

New Words 　**単語と語句** アクセントの位置に注意して，声に出して発音しよう。

☐ **favorite** ［ふェイヴァリット］ 形 （いちばん）好きな
☐ *Thank you.* ありがとう。

☐ *live in ～* ～に住む
☐ *on Sunday* 日曜日に

82

自己紹介の表現

1 名前	I'm <u>Kato Haruka</u>. （→ p.22） ※（ ）内ページは教科書 （私はカトウ ハルカです。） My name is <u>Kaito Yano</u>. （→ p.36） （ぼくの名前はヤノ カイトです。） Call me <u>Kai</u>. （→ p.36） （カイと呼んでください。）	
2 出身・住んでいるところ	I'm from <u>Higashi Elementary School</u>. （→ p.23） （私はヒガシ小学校から来ました。） I'm from <u>Japan</u>. （→ p.22） （私は日本から来ました。） I come from <u>Japan</u>. （私は日本の出身です。） I live in <u>Tokyo, Japan</u>. （私は日本の東京に住んでいます。）	
3 年齢・誕生日	I'm <u>thirteen years old</u>. （私は 13 歳です。） My birthday is <u>April eighth</u>. （私の誕生日は 4 月 8 日です。）	
4 部活動	I'm a member of <u>the tennis team</u>. （→ p.24） （私はテニス部の部員です。） I'm on <u>the tennis team</u>. （私はテニス部の一員です。） I'm in <u>the art club</u>. （私は美術部に入っています。） I belong to <u>the brass band</u>. （私は吹奏楽部に所属しています。）	
5 好きなこと［人］・特技	I like <u>volleyball</u>. / I like <u>cooking</u>. （→ p.36） （私はバレーボールが好きです。）／（私は料理が好きです。） I'm a <u>soccer</u> fan. （→ p.24） （私はサッカーファンです。） My favorite <u>tennis player</u> is <u>Osaka Naomi</u>. （私の好きなテニス選手は大坂なおみさんです。） I'm good at <u>dancing</u>. （→ p.22） （私はダンスが得意です。）	

6 趣味・ふだんすること	I study Japanese after school. （→p.36） （私は放課後，日本語を勉強します。） I play the piano. （→p.39） （私はピアノをひきます。）
7 ペット・家族	I have two dogs. （→p.47） （私はイヌを2匹飼っています。） I have a sister [brother]. （私は姉[妹][兄][弟]がいます。） I'm an only child. （私は一人っ子です。）
8 そのほか	I have many comic books. （→p.47） （私はマンガ本をたくさん持っています。） I'm easygoing [cheerful, outgoing]. （私はのんき[元気,社交的]です。）

New Words 単語と語句 アクセントの位置に注意して，声に出して発音しよう。

☐ *come from* ~　~出身である
☐ *~ year(s) old*　~歳
☐ **birthday** [バ～すデイ] 图 誕生日
☐ *be on* ~　~の一員である
☐ *be in* ~　~に入っている
☐ *belong to* ~　~に所属している
☐ only child [オウンりィ チャイるド] 图 一人っ子
☐ easygoing [イーズィゴウイング] 形 のんきな
☐ cheerful [チアふる] 形 元気のよい
☐ outgoing [アウトゴウイング] 形 社交的な

2　2学期から学校に来る ALT の先生に自己紹介をしましょう。

1　83〜84 ページの自己紹介の表現から，5つ以上選んで，自分について書きましょう。

解答例　②参照

2　❶で書いたものから紹介したいことを選び，最初のあいさつと，終わりのあいさつをつけ加えて，自己紹介文を完成させましょう。

最初のあいさつ	Hi. [Hello.]
伝えたいこと	I'm Yamashita Mami.　（私はヤマシタ マミです。） I live in Kyoto, Japan.　（私は日本の京都に住んでいます。） I'm twelve years old.　（私は 12 歳です。） I like art.　（私は美術が好きです。） I draw pictures on Sunday.　（私は日曜日に絵をかきます。）
終わりのあいさつ	Thank you.

3　❷で完成した自己紹介文を発表しましょう。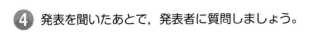

)) 発表するときのポイント
・聞いている人を見ながら，言えるようにしよう。
・声の大きさ・発音・リズム・イントネーションに気をつけよう。

発表を聞きながら，発表内容についてメモをとろう。

4　発表を聞いたあとで，発表者に質問しましょう。

Unit 5 エミリーの家で

Unit 5の目標
- □ できること・できないことについて話すことができる。
- □ 知らない人についてたずねることができる。
- □ 人やものを代名詞で表すことができる。

教科書 56 ページ

Part ① できること・できないことについて話そう。

発音やイントネーションに気をつけて英文を読んでみよう。 → 本文の解説は p.92 にあります。

Get Ready

 エミリーの家にアオイが遊びに来ています。

Aoi: ① Oh, you have a guitar. ② Can you play it?
アオイ： まあ，あなたはギターを持っているのですね。　あなたはそれをひけますか。

Emily: ③ Yes, I can. ④ How about you, Aoi?
エミリー： はい，ひけます。　あなたはどうですか，アオイ？

Aoi: ⑤ I can't play the guitar, but I can play the sax.
アオイ： 私はギターをひけないけれど，サックスを吹けます。

Emily: ⑥ Great! ⑦ Let's play music together.
エミリー： すごい！　いっしょに演奏しましょう。

Notes

play the guitar

「楽器を演奏する」と言うときは，楽器名の前に the をつけます。
1つ1つの楽器ではなく，その楽器全体が意識されるためです。

Q アオイはギターをひけますか。　**解答例** いいえ，ひけません。

🎧 エミリーとチェンの会話を聞いて，それぞれができることと，できないことを選びましょう。 → 音声の内容は p.95 にあります。

1. Emily can (**c**)
can't (**d**)

2. Chen can (**b**)
can't (**a**)

a. swim well　**b.** run fast　**c.** ski　**d.** skate

New Words 　**単語と語句** アクセントの位置に注意して，声に出して発音しよう。

- □ **can** [キャン] 助 ～することができる
- □ **cannot** [キャンナ(ー)ト] 助 ～することができない
  - can't [キャント] ← cannot
- □ **sax** [サックス] 图 サックス〔saxophone の略語〕

- □ **well** [ウェる] 副 上手に，よく，うまく
- □ **fast** [ふァスト] 副 速く
- □ **ski** [スキー] 動 スキーをする
- □ **skate** [スケイト] 動 スケートをする

😀 語末の t は軽めに言おう。　it / can't / great

86

✔ Target 12

① I **can** play the guitar.
私はギターをひくことができます。

② I **cannot** play the guitar.
私はギターをひくことができません。

③ **Can** you play the guitar?
あなたはギターをひくことができますか。

④ ——Yes, I **can.** / No, I **cannot.** はい，できます。／ いいえ，できません。

> ● 「～することができる」は can を，「～することができない」は cannot [can't] を使います。
> ● 疑問文では，can を主語の前に出します。

Practice

例にならって，それぞれの人ができることと，できないことを言いましょう。

Notes

名前の呼びかた

姓で呼ぶ場合は，男性には Mr. を，女性には Ms. をつけて呼びます。名前だけの場合はつけません。
（× Ms. Saki）

例　Ken can play the piano, but he can't play the drums.
（ケンはピアノをひくことができますが，彼はドラムを演奏することはできません。）

例　Ken / play the piano （ケン／ピアノをひく）

解答例　1. Minami can do kendo, but she can't do judo.
（ミナミは剣道をすることができますが，彼女は柔道をすることはできません。）

2. Mr. Sato can speak Chinese, but he can't speak French.
（サトウさんは中国語を話すことができますが，彼はフランス語を話すことはできません。）

3. Saki and Mayu can dance well, but they can't sing well.
（サキとマユは上手に踊ることができますが，彼女たちは上手に歌うことはできません。）

Use

① 例にならって，相手ができるかどうかたずねましょう。答えるときは一言つけ加えましょう。

例　A: Can you run fast? （あなたは速く走ることができますか。）
　　B: Yes, I can. I can run very fast. / （はい，走れます。私はとても速く走れます。）
　　　No, I can't. But I can swim fast. （いいえ，走れません。でも私は速く泳げます。）

解答例　A: Can you skate well? （あなたは上手にスケートをすることができますか。）
　　　　B: Yes, I can. I can skate very well. /
　　　　　　　　（私はとても上手にスケートをすることができます。）
　　　　　No, I can't. But I can ski well. （でも私は上手にスキーをすることができます。）

② 例にならって，自分のできることと，できないことを書きましょう。

例　I can run fast, but I can't swim fast. （私は速く走れますが，速く泳げません。）

解答例　I can ski well, but I can't skate well.
（私は上手にスキーをすることができますが，上手にスケートをすることはできません。）

> このページの **New Words** は p.95 にあります。

Part ② 知らない人についてたずねよう。

発音やイントネーションに気をつけて英文を読んでみよう。→ 本文の解説は p.93 にあります。

Get Ready

 エミリーの部屋に飾ってある写真について, アオイがたずねています。

Notes

人の性格を表すことば

funny は「おもしろい」, kind は「親切な」の意味です。人の性格を表すことばには次のものもあります。
friendly（人なつっこい）
honest（正直な）
shy（はずかしがりの）

Aoi: ① **フーズ ずィス ガーる** Who's this girl?
アオイ： この女の子はだれですか。

Emily: ② **シーズ オりヴィア** She's Olivia. ③ **シーズ マイ ふレンド イン ざ ユーエスエイ** She's my friend in the USA.
エミリー： 彼女はオリビアです。 彼女は私のアメリカの友だちです。

Aoi: ④ **フー アー ずィーズ ボイズ** Who are these boys?
アオイ： これらの男の子たちはだれですか。

Emily: ⑤ **ぜイア マクス アンド ライアン** They're Max and Ryan. ⑥ **ぜイア マイ ふレンズ トゥー** They're my friends, too.
エミリー： 彼らはマックスとライアンです。 彼らも私の友だちです。

⑦ **マクス イズ ふァニィ アンド ライアン イズ カインド** Max is funny, and Ryan is kind.
マックスはおもしろくて，ライアンは親切です。

Q 写真の中央に写っている人はだれですか。 **解答例** オリビアです。

 ベル先生とソラの会話を聞いて，それぞれの人とベル先生との関係を選びましょう。
→ 音声の内容は p.96 にあります。

1. Mia (*e*) 2. Sam (*a*) 3. Donna (*c*)
a. cousin *b.* brother *c.* aunt *d.* uncle *e.* friend

New Words 単語と語句 アクセントの位置に注意して，声に出して発音しよう。

- □ **who** [フー] 代 だれ
  who's [フーズ] who is の短縮形
- □ **girl** [ガーる] 名 女の子, 少女
  Olivia [オりヴィア] 名 オリビア〔人の名〕
- □ **boy**(s) [ボイ(ズ)] 名 男の子, 少年
  Max [マクス] 名 マックス〔人の名〕
  Ryan [ライアン] 名 ライアン〔人の名〕
- □ **funny** [ふァニィ] 形 おもしろい
- □ **kind** [カインド] 形 親切な
- Mia [ミア] 名 ミア〔人の名〕
- Sam [サム] 名 サム〔人の名〕
- Donna [ダ(ー)ナ] 名 ドナ〔人の名〕
- □ **aunt** [アント] 名 おば
- □ **uncle** [アンクる] 名 おじ
- □ **woman** [ウマン] 名 女性
- □ **man** [マン] 名 男性
- □ **her** [ハ〜] 代 ①彼女の, ②彼女を[に]

y の発音のちがいに注意しよう。 they, boy [i] / Ryan, my [ai]

✔ Target 13

① Is this girl Olivia?　この女の子はオリビアですか。

② **Who** is this girl?　この女の子はだれですか。

③ ——She is Olivia.　彼女はオリビアです。

- 知らない人について「だれ」とたずねるときは，who を使います。
- who is → who's

Practice

このページの **New Words** は p.96 にあります。

例にならって，それぞれの人物を紹介しましょう。

例　*A:* Who <u>is this boy</u>?（この男の子はだれですか。）

　　B: <u>He's Hayate.</u>　<u>He's my brother.</u>（彼はハヤテです。彼は私の弟です。）

例　this boy / Hayate / my brother（この男の子／ハヤテ／自分の弟）

解答例　1. *A:* Who's this girl?（この女の子はだれですか。）

　　　　　　B: She's Saki.　She's my friend.（彼女はサキです。彼女は私の友だちです。）

　　　　2. *A:* Who's this man?（この男の人はだれですか。）

　　　　　　B: He's Takeda Hideki.　He's my uncle.（彼はタケダ ヒデキさんです。彼は私のおじです。）

　　　　3. *A:* Who's this woman?（この女の人はだれですか。）

　　　　　　B: She's Ms. Oka.　She's my English teacher.
　　　　　　（彼女はオカさんです。彼女は私の英語の先生です。）

　　　　4. *A:* Who are these boys?（これらの男の子たちはだれですか。）

　　　　　　B: They're Kai and Taku.　They're my teammates.
　　　　　　（彼らはカイとタクです。彼らはぼくのチームメートです。）

Use

　❶ 例にならって，友だちや有名人についてのクイズを出しましょう。

例　*A:* He's my classmate.　He's a member of the brass band.
　　（彼は私のクラスメートです。彼は吹奏楽部のメンバーです。）

　　He can play the trumpet.　Who is he?
　　（彼はトランペットを演奏することができます。彼はだれでしょうか。）

　　B: He is Kanda Seiya.（彼はカンダ セイヤ君です。）

　　A: That's right! / That's wrong!（正解です！／不正解です！）

解答例　*A:* She's my classmate.　She likes animals very much.
　　　　（彼女は私のクラスメートです。彼女は動物が大好きです。）

　　　　She has two rabbits.　Who is she?
　　　　（彼女は2匹のウサギを飼っています。彼女はだれでしょうか。）

　　　　B: She is Lisa.（彼女はリサです。）

　　　　A: That's right! / That's wrong!

　❷ 例にならって，❶で出したクイズを書きましょう。

例　<u>He's my classmate.　He's a member of the brass band.</u>（解答例省略）

　　<u>He can play the trumpet.　Who is he?</u>

Part ③ 人やものを代名詞で表そう。

発音やイントネーションに気をつけて英文を読んでみよう。→ 本文の解説は p.94 にあります。

Get Ready

 エミリーがアオイに写真を見せています。

Emily: ① すィス イズ マイ スィスタァ りりィ
This is my sister Lily. ② ドゥー ユー ノウ ハ〜
Do you know her?
エミリー: この人は私の姉のリリーです。 あなたは彼女を知っていますか。

Aoi: ③ イェス アイドゥー
Yes, I do. ④ アイ サムタイムズ スィー ハ〜 アト スクール
I sometimes see her at school.
アオイ: はい，知っています。 私はときどき彼女を学校で見かけます。

Emily: ⑤ アンド すィーズ アー アウア キャッツ ペパァ アンド ミント
And these are our cats, Pepper and Mint.
エミリー: そしてこれらは私たちのネコ，ペッパーとミントです。

Aoi: ⑥ ぜイア ヴェりィ キュート
They're very cute!
アオイ: それらはとてもかわいいですね！

Emily: ⑦ イェス
Yes. ⑧ アイ らイク ぜム ヴェりィ マッチ
I like them very much.
エミリー: はい。 私はそれらが大好きです。

Q 写真に写っている女性はだれですか。 **解答例** （エミリーの姉の）リリーです。

チェンとアオイが話しています。アオイの質問を聞いて，質問に対するチェンの答えを選びましょう。
→ 音声の内容は p.97 にあります。

1.(*a*) 2.(*b*) 3.(*c*)

a. Yes. I know her. *b.* Yes. I know him. *c.* Yes. I know them.

New Words 単語と語句 アクセントの位置に注意して，声に出して発音しよう。

Lily [りりィ] 图 リリー〔人の名〕

☐ **know** [ノウ] 動 (〜を)知っている

☐ *at school* 学校で

☐ **our** [アウア] 代 私たちの

Pepper [ペパァ] 图 ペッパー〔ネコの名〕

Mint [ミント] 图 ミント〔ネコの名〕

☐ **them** [ぜム] 代 彼らを[に]，彼女らを[に]，それらを[に]

☐ **him** [ヒム] 代 彼を[に]

---

e の発音のちがいに注意しよう。 these [iː] / Pepper, them [e]

✔ Target 14

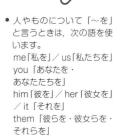

- ① This is my sister.
  こちらは私の姉です。

- ② Do you know **her**?
  あなたは彼女を知っていますか。

- ③ These are our cats.
  これらは私たちのネコです。

- ④ I like **them**.
  私はそれらが好きです。

● 人やものについて「～を」と言うときは，次の語を使います。
me「私を」／ us「私たちを」
you「あなたを・あなたたちを」
him「彼を」／ her「彼女を」／ it「それを」
them「彼らを・彼女らを・それらを」

Practice

例にならって，次のキャラクターについて話しましょう。

例 *A:* This is Greboo. He's from Kagoshima. Do you know him?
（これはぐりぶーです。彼は鹿児島出身です。あなたは彼を知っていますか。）

B: Yes, I do. / No, I don't. （はい，知っています。／いいえ，知りません。）

解答例 1. *A:* This is Sento-kun. He's from Nara. Do you know him?
（これはせんとくんです。彼は奈良出身です。あなたは彼を知っていますか。）
B: Yes, I do. / No, I don't.

2. *A:* This is Uracchi. She's from Okayama. Do you know her?
（これはうらっちです。彼女は岡山出身です。あなたは彼女を知っていますか。）
B: Yes, I do. / No, I don't.

3. *A:* These are Juratic. They're from Fukui. Do you know them?
（これらはジュラチックです。それらは福井出身です。あなたはそれらを知っていますか。）
B: Yes, I do. / No, I don't.

4. *A:* These are Wanko-kyodai. They're from Iwate. Do you know them?
（これらはわんこきょうだいです。それらは岩手出身です。あなたはそれらを知っていますか。）
B: Yes, I do. / No, I don't.

Use

❶ 例にならって，キャラクターや有名人について，たずね合いましょう。

例 *A:* Do you know Kumamon? （あなたはくまモンを知っていますか。）
B: Yes, I do. / No, I don't. （はい，知っています。／ いいえ，知りません。）
A: Do you like him? （あなたは彼を好きですか。）
B: Yes, I do. / No, I don't. （はい，好きです。／ いいえ，好きではありません。）

解答例 *A:* Do you know Sento-kun? （あなたはせんとくんを知っていますか。）
B: Yes, I do. / No, I don't.
A: Do you like him? （あなたは彼を好きですか。）
B: Yes, I do. / No, I don't.

❷ 例にならって，❶でたずねたことを書きましょう。

例 <u>Do you know Kumamon? Do you like him?</u>

解答例 <u>Do you know Sento-kun? Do you like him?</u>

Notes

「～の」の言いかた

人やものについて「～の」と言うときは，次の語を使います。
my「私の」
our「私たちの」
your「あなたの・あなたたちの」
his「彼の」
her「彼女の」
its「それの」
their「彼らの・彼女らの・それらの」

本文の解説

Part 1

できること・できないことについて話そう。

Target 12

① I **can**　　play the guitar.
（私はギターをひくことができます。）

② I **cannot** play the guitar.
（私はギターをひくことができません。）

③ **Can** you　　play the guitar?
（あなたはギターをひくことができますか。）

④ ——Yes, I **can.** / No, I **cannot.** （はい, できます。／ いいえ, できません。）

can は「～することができる[～する能力がある]」という意味を表します。
「～することができない」は cannot [can't] となります。
疑問文「～することができますか。」は主語の前に can を置き,〈Can ＋主語～ ?〉の形で表します。

本文の解説　　　　　　　　　　　　　　　　　　　　　教科書 **56** ページ

② Can you play it?
Can you ～? は「**あなたは～することができますか。**」という意味を表します。can の後ろには動詞の原形がきます。it は「ギター」です。

---

③ Yes, I can.
Yes, I can. は Can you ～? への答えの文です。「**はい, 私はできます。**」という意味になります。質問文は「ギターがひけますか。」なので,「はい, ひけます。」ということを表しています。答えが「いいえ。」のときは, No, I can't. となります。

---

⑤ I can't play the guitar, but I can play the sax.
I can't ～. は「**私は～することができません。**」という意味です。can't は cannot を短くした形です。can't の後ろは動詞の原形になります。sax は楽器の「サックス」で, saxophone「サクソフォン」を短縮した語です。「ある楽器を演奏する」と言う場合,〈play the ＋楽器名〉のように, ふつうは楽器名の前に the がつきます。

---

⑦ Let's play music together.
Let's ～. は「**（私たちは）～しましょう。**」と人に提案する表現で, let's は let us の短縮形です。play music は「（音楽を）演奏する」, together は「いっしょに」という意味を表します。

Part 2　　　　　　　　　　　　知らない人についてたずねよう。

Target 13　　① Is this girl Olivia?　（この女の子はオリビアですか。）
② **Who** is this girl?　（この女の子はだれですか。）
③ ——She is Olivia.　（彼女はオリビアです。）

「だれ」と知らない人についてたずねるときは who を使って表します。
「～はだれですか」は文の頭に who を置き，be 動詞の疑問文の語順を続けます。
who is は who's と短縮形でも表します。

本文の解説　　　　　　　　　　　　　　　　　　　　　教科書 **58** ページ

① Who's this girl?
Who's ～? は「**～はだれですか。**」という意味です。who's は who is を短くした形です。主語が this girl「この女の子は」なので，be 動詞が is になっています。

---

② She's Olivia.
〈**She's ＋名前.**〉は「**彼女は～です。**」で，Who's ～? への答えの文です。質問文の主語が this girl なので，答えの文の主語は she「彼女は」となります。she's は she is の短縮形です。

---

④ Who are these boys?
Who「だれ」で始まる疑問文ですが，主語が複数形の these boys「これらの男の子(たち)は」なので，be 動詞が are となっています。

---

⑤ They're Max and Ryan.
〈**They're ＋名前.**〉は，「**彼らは～です。**」で，Who are ～? への答えの文です。質問文の主語が these boys と複数なので，答えの文の主語が they「彼らは」となります。they're は they are を短くした形です。

---

⑦ Max is funny, and Ryan is kind.
男の子たちがどんな人がらかを伝えている文です。funny は「おもしろい」，kind は「親切な」という意味を表します。funny「**ふァ**ニイ」，kind「**カ**インド」の下線のつづりと発音にも注意しましょう。

Part 3

人やものを代名詞で表そう。

Target 14

① This is my sister. ② Do you know **her**?
（こちらは私の姉です。）　　（あなたは彼女を知っていますか。）

③ These are our cats. ④ I like **them**.
（これらは私たちのネコです。）　　（私はそれらが好きです。）

人やものについて「〜を」と言うときの表現は以下のようになります。

私を	me
あなたを・あなたたちを	you
彼を	him
彼女を	her
それを	it
私たちを	us
彼らを・彼女らを・それらを	them

教科書 **60** ページ

① **This is my sister Lily.**
人を紹介する1文ですが，my sister「私の姉」と Lily「リリー」という名詞が2つ並んでいます。my sister = Lily という関係が成り立ち，「私の姉のリリー」という意味になります。

② **Do you know her?**
Do you know 〜？は「あなたは〜を知っていますか。」という表現です。know の後ろには「**彼女を**」の意味を表す **her** があります。この her は前の文にある my sister Lily のことをさしています。

④ **I sometimes see her at school.**
sometimes は「ときどき」という意味です。see her で「彼女を見かける（＝見る）」という意味を表します。文末の **at school** は「**学校で**」という意味で，at は場所を表すときに使われます。

⑤ **And these are our cats, Pepper and Mint.**
ここの these は「これら」という意味を表します。these = our cats「私たちのネコ」という関係が成り立ちます。our cats, Pepper and Mint は「私たちのネコ，ペッパーとミント」という意味を表し，ここは our cats = Pepper and Mint という関係で，コンマの後ろにネコたちの名前を挙げています。

⑧ **I like them very much.**
them は「**それらを**」という意味で，our cats, Pepper and Mint をさしています。like と very much の間に「それらを」を表す them が入りますが，日本語では「それら<u>が</u>大好きです」という言い方が自然です。

Unit 5

Part 1 の音声内容

→ 解答は p.86 にあります。

 音声の内容は次の通りです。下線部に注意して，それぞれができることと，できないことを選んで記号を（　　）に書きましょう。

No. 1

Chen: Emily, do you like winter sports?
チェン： エミリー，あなたは冬のスポーツが好きですか。

Emily: Yes, I do.
エミリー： はい，好きです。

Chen: Can you skate?
チェン： あなたはスケートができますか。

Emily: No, I can't. But I can ski.
エミリー： いいえ，できません。でも私はスキーができます。

No. 2

Emily: Chen, you can run very fast.
エミリー： チェン，あなたはとても速く走ることができますね。

Chen: Thank you. I like running. But I can't swim well.
チェン： ありがとう。ぼくは走ることが好きです。でもぼくは上手に泳げません。

p.87 の **New Words**

New Words **単語と語句** アクセントの位置に注意して，声に出して発音しよう。 教科書 **57** ページ

- [ ] **drum**(s) [ドゥ**ラ**ム(ズ)] 图 ドラム
- [ ] **Mr.** [**ミ**スタァ] 图 〔男性の名前の前につけて〕～さん
- [ ] **speak** [ス**ピ**ーク] 動 (～を)話す
- [ ] **Chinese** [チャイ**ニ**ーズ] 图 中国語
- [ ] **French** [ふ**レ**ンチ] 图 フランス語

Part 2　の音声内容

→ 解答は p.88 にあります。

 音声の内容は次の通りです。下線部に注意して，それぞれの人とベル先生との関係を選びましょう。

No. 1
Sora:　Who is this woman?
ソラ：　この女の人はだれですか。

Ms. Bell: <u>She's Mia.</u>　<u>She's my friend.</u>
ベル先生：　彼女はミアです。彼女は私の友だちです。

No. 2
Sora:　Who is this man?
ソラ：　この男の人はだれですか。

Ms. Bell: <u>He's Sam.</u>　<u>He's my cousin.</u>
ベル先生：　彼はサムです。彼は私のいとこです。

No. 3
Sora:　Who is this woman?
ソラ：　この女の人はだれですか。

Ms. Bell: <u>She's my aunt.</u>　<u>Her name is Donna.</u>
ベル先生：　彼女は私のおばです。彼女の名前はドナです。

p.89 の　**New Words**

New Words　**単語と語句**　アクセントの位置に注意して，声に出して発音しよう。　教科書 **59** ページ

- □ Ms. [ミズ] 图〔女性の名前の前につけて〕～さん
- □ teammate(s) [ティームメイト(ツ)] 图チームメート
- □ classmate [クらスメイト] 图クラスメート, 同級生
- □ trumpet [トゥランペット] 图トランペット
- □ right [ライト] 形正しい
- □ wrong [ローング] 形まちがった

Part 3 の音声内容

→ 解答は p.90 にあります。

 音声の内容は次の通りです。下線部に注意して、アオイの質問に対するチェンの答えを選んで記号を（　　）に書きましょう。

No. 1

Aoi: **This is Aiko.**

アオイ： こちらはアイコさんです。

She is my friend.

彼女は私の友だちです。

Do you know her?

あなたは彼女を知っていますか。

No. 2

Aoi: **This is my cousin.**

アオイ： こちらは私のいとこです。

Do you know him?

あなたは彼を知っていますか。

No. 3

Aoi: **These are the volleyball team members.**

アオイ： この人たちはバレーボールチームのメンバーです。

Do you know them?

あなたは彼女たちを知っていますか。

Let's Talk 4 だれのもの？

目標：持ち主をたずねたり答えたりすることができる。

モデル対話　ソラとエミリーは，学校のかさ立ての前で話しています。

ソラ：　Whose umbrella is this?

（これはだれのかさですか。）

エミリー：　Maybe it's Yuya's.

（ユウヤのかもしれません。）

ソラ：　Whose umbrella is this?

（これはだれのかさですか。）

エミリー：　It's mine.

（それは私のです。）

ソラ：　Here you are.

（はい，どうぞ。）

エミリー：　Thank you.

（ありがとう。）

重要表現

A: **Whose** umbrella is this**?**

（これはだれのかさですか。）

B: It's **Yuya's.** / It's **mine.**

（それはユウヤのです。／それは私のです。）

New Words　単語と語句　アクセントの位置に注意して，声に出して発音しよう。

- [ ] whose［フーズ］代 だれの
- [ ] maybe［メイビー］副 たぶん，おそらく
- [ ] mine［マイン］代 私のもの
- [ ] *Here you are.*　はい，どうぞ。
- [ ] thank［サンク］動 〜に感謝する
- [ ] *Thank you.*　ありがとう。

Step 1 モデル対話を練習して，ペアになって対話をしましょう。

Step 2 モデル対話を参考にして，次の状況_{じょうきょう}に合う対話をしましょう。

1.

2.

3.

解答例 1の場合

A: Whose bag is this?
（これはだれのバッグですか。）

B: Maybe it's Emily's.
（それはエミリーのかもしれません。）

解答例 2の場合

A: Whose pencil case is this?
（これはだれの筆箱ですか。）

B: It's Takashi's.
（それはタカシのです。）

解答例 3の場合

A: Whose dictionary is this?
（これはだれの辞書ですか。）

B: It's mine.
（それは私のです。）

A: Here you are.
（はい，どうぞ。）

B: Oh, thanks.
（ああ，ありがとう。）

ほかのものでも対話を
してみよう。

→ p.137 Word Box 18

Target のまとめ ④ can

□ 「〜することができる」 の意味を表します。

肯定文	▶ can は，動詞の前に置いて，「〜することができる」の意味を表します。 I　　play the piano. （ピアノを<u>ひく</u>） I **can** play the piano. （ピアノを<u>ひくことができる</u>）
否定文	▶ 否定文は，can を cannot（短縮形は can't）に変えます。 Emily **can**　speak English.　［肯定文］ （英語を話すことができる） Emily **cannot** speak Chinese.　［否定文］ （中国語を話すことができない）
疑問文	▶ 疑問文は，can を主語の前に出し，文末にクエスチョンマークをつけます。 You **can** run fast.　　［肯定文］ （速く走ることができる） **Can** you　　run fast? （♪）　［疑問文］ （速く走ることができますか） —— Yes, I **can**. / No, I **can't**. （できる ／ できない）

Let's Try　ペアになって，相手やほかの人ができることについて会話しましょう。

例　A: Can you play *shogi*?
（あなたは将棋をさすことができますか。）

B: No, I can't. But I can play *go*.
（いいえ，できません。でも碁を打つことはできます。）

A: Really? Can Kenta play *shogi*?
（そうですか。ケンタは将棋をさすことができますか。）

B: Yes, he can. He is a good *shogi* player.
（はい，できます。彼は将棋が上手です。）

(解答例) A: Can you run a marathon*?　　*marathon：マラソン
（あなたはマラソンを走ることができますか。）

B: No, I can't. But I can run a half* marathon.　*half：半分の
（いいえ，できません。でもハーフマラソンを走ることはできます。）

A: Really? Can Mana run a marathon?
（そうですか。マナはマラソンを走ることができますか。）

B: Yes, she can. She is a good runner.
（はい，できます。彼女はよいランナーです。）

(解答例) A: Can you play the piano?
（あなたはピアノをひくことができますか。）

B: Yes, I can. I can play the piano well.
（はい，できます。ピアノをうまくひくことができます。）

A: Really? Can Mika play the piano?
（そうですか。ミカはピアノをひくことができますか。）

B: No, she cannot. But she is good at dancing.
（いいえ，できません。でも彼女はダンスが得意です。）

cannot はふつう can と not をくっつけて書きます。
短縮形は can't です。

代名詞の変化

□ I や you などの代名詞は，働きによって形が変化します。

	主語のとき （〜は，〜が）	所有を表すとき （〜の）	目的語のとき （〜を，〜に）	「〜のもの」と 言うとき
私	I	my	me	mine
私たち	we	our	us	ours
あなた・あなたたち	you	your	you	yours
彼	he	his	him	his
彼女	she	her	her	hers
それ	it	its	it	
彼ら・彼女ら・ それら	they	their	them	theirs
固有名詞の場合	Emily	Emily's	Emily	Emily's

Let's Try ペアやグループになって，名前について会話しましょう。

Speak

例 *A:* Do you know my full name*? 　*full name：フルネーム
　　（あなたは私のフルネームを知っていますか。）

　B: Yes, I do．Your full name is Ueda Hana.
　　（はい，知っています。あなたのフルネームはウエダ ハナです。）

　A: How about Yamada's full name?
　　（ヤマダさんのフルネームはどうですか。）

　B: I don't know．What's his full name?
　　（知りません。彼のフルネームは何ですか。）

　A: His full name is Yamada Ken.
　　（彼のフルネームはヤマダ ケンです。）

解答例 *A:* Do you know my full name?
(あなたは私のフルネームを知っていますか。)

B: Yes, I do. Your full name is Katayama Mika.
(はい，知っています。あなたのフルネームはカタヤマ ミカです。)

A: How about Aya's full name?
(アヤのフルネームはどうですか。)

B: I don't know. What's her full name?
知りません。 彼女のフルネームは何ですか。)

A: Her full name is Mishima Aya.
(彼女のフルネームはミシマ アヤです。)

解答例 *A:* Do you know Emily's family name*?   *family name：名字
(あなたはエミリーの名字を知っていますか。)

B: Yes, I do. Her family name is Hill.
(はい，知っています。彼女の名字はヒルです。)

A: How about Chen's family name?
(チェンの名字はどうですか。)

B: I don't know. What's his family name?
(知りません。彼の名字は何ですか。)

A: His family name is Lee.
(彼の名字はリーです。)

代名詞の変化は，口に出して１つ１つ覚えましょう。

Unit 6 ぼくの おじいさん

Unit 6 の目標
- □ 人を紹介することができる。
- □ 人についてたずねることができる。
- □ 人について話すことができる。

教科書 **66** ページ

Part ① 人を紹介しよう。

発音やイントネーションに気をつけて英文を読んでみよう。→本文の解説は p.110 にあります。

Get Ready

 Read ソラが，祖父についてクラスで発表しています。

すィス イズ マイ　グランドふァーざァ
① This is my grandfather.
こちらはぼくの祖父です。

ヒー　りヴズ　イン　ヤマガタ
② He lives in Yamagata.
彼は山形に住んでいます。

ヒー　ゴウズ　トゥ　ヒズ　オーチャズ　ア〜りィ　イン　ざ　モーニング
③ He goes to his orchards early in the morning.
彼は早朝に自分の果樹園に行きます。

ヒー　グロウズ　チェリィズ　ぜア
④ He grows cherries there.
彼はそこでサクランボを育てています。

アイ らイク　ヒズ　チェリィズ　ヴェリィ　マッチ
⑤ I like his cherries very much.
ぼくは彼のサクランボが大好きです。)

Q ソラの祖父はどこに住んでいますか。　**解答例** 山形に住んでいます。

Listen ソラが家族を紹介しています。ソラとの関係と，その人がふだんすることを選びましょう。
→音声の内容は p.113 にあります。

1. Rin (*d*)(*g*)　　2. Masato (*a*)(*e*)　　3. Keiko (*b*)(*f*)

関係　*a.* father　　*b.* mother　　*c.* brother　　*d.* sister

ふだんすること　*e.* 　　*f.* 　　*g.*

New Words　**単語と語句** アクセントの位置に注意して，声に出して発音しよう。

- ☐ **live**(s) [**りヴ**(ズ)] 動 住む
- ☐ **orchard**(s) [**オーチャド**(ズ)] 名 果樹園
- ☐ **early** [**ア〜りィ**] 副 早く
- ☐ **grow**(s) [**グロウ**(ズ)] 動 〜を育てる，栽培する
- ☐ **cherry** (cherries) [**チェリィ**(**チェリィズ**)] 名 サクランボ
- ☐ **there** [**ぜア**] 副 そこに[で，へ，の]
- ☐ **on** [**アン**] 前 〔特定の日時〕〜に
- ☐ *on Sunday*(s)　日曜日に

🔊 ch の発音のちがいに注意しよう。 cherry, much [tʃ] / school [k]

104

✔ Target 15

① **I live in Yamagata.**
　私は山形に住んでいます。

② **He lives in Yamagata.**
　彼は山形に住んでいます。

- 主語が I と you 以外の単数（he, she, it など）で，現在のことを言う場合，一般動詞に s または es をつけます。
- いろいろな s(es) のつけ方（→ p.231）
  live　→ live**s**（s をつける）
  go　　→ go**es**（es をつける）
  study → stud**ies**（y を i に変えて es をつける）
  play　→ play**s**（s をつける）
  have　→ **has**（特別な形）

Practice

例にならって，それぞれの人物を紹介しましょう。

例　Sora plays soccer.（ソラはサッカーをします。）

例　Sora / play / soccer（ソラ／する／サッカー）

(解答例) 1. Emily likes dancing.（エミリーは踊ることが好きです。）

2. Ms. Bell teaches English.（ベル先生は英語を教えています。）

3. Chen studies Japanese.（チェンは日本語を勉強します。）

4. Aoi has a cat.（アオイはネコを飼っています。）

Use

❶ 例にならって，週末によくすることをたずね合いましょう。

例　*A:* What do you usually do on weekends?（あなたはふつう週末に何をしますか。）

　　B: I usually go shopping with my family.（私はふつう家族と買い物に行きます。）

(解答例) *A:* What do you usually do on weekends?

　　　　B: I usually read English comic books.（ぼくはふつう英語のマンガを読みます。）

→ p.137 Word Box 19

❷ 例にならって，❶のやりとりからわかった，友だちが週末にすることを紹介する文を書きましょう。

例　Saki usually goes shopping with her family on weekends.
　（サキはふつう週末に家族と買い物に行きます。）

(解答例) Kenta usually reads English comic books on weekends.
　　　（ケンタはふつう週末に英語のマンガを読みます。）

New Words　単語と語句　アクセントの位置に注意して，声に出して発音しよう。

☐ **teach** [ティーチ] 動 ～を教える
☐ **úsually** [ユージュアりィ] 副 ふつうは, いつもは
☐ **wéekend**(s) [ウィーケンド(ズ)] 图 週末

☐ *on weekends*　週末に
☐ *go shopping*　買い物に行く

Part ② 人についてたずねよう。

発音やイントネーションに気をつけて英文を読んでみよう。→ 本文の解説は p.111 にあります。

Get Ready

 ソラの祖父について，チェンが質問しています。

Chen: ① Does your grandfather work every day?
　　　　ダズ　ユア　グランドふァーざァ　ワ〜ク　エヴリィ　デイ
チェン：　あなたのおじいさんは毎日働いているのですか。

Sora: ② Yes, he does. ③ He's very busy during the harvest season.
　　　　イェス　ヒー　ダズ　　ヒーズ　ヴェリィ　ビズィ　ドゥ[デュア]リング　ざ　ハーヴェスト　スィーズン
ソラ：　はい，そうです。　彼は収穫期の間中とてもいそがしいです。

Chen: ④ Does he work alone?
　　　　ダズ　ヒー　ワ〜ク　アろウン
チェン：　彼はひとりで働くのですか。

Sora: ⑤ No, he doesn't.
　　　　ノウ　ヒー　ダズント
ソラ：　いいえ，ちがいます。

⑥ He works with my uncle and aunt.
　ヒー　ワ〜クス　ウィず　マイ　アンクる　アンド　アント
彼は私のおじとおばといっしょに働きます。

⑦ They live together.
　ぜイ　リヴ　トゥゲざァ
彼らはいっしょに住んでいるのです。

Notes

grandfather「祖父」

この grand は「一親等離れた」の意味を表します。さらに一親等離れているときは前に great をつけます。
father（父）
→ grandfather（おじいちゃん）
→ great-grandfather（ひいおじいちゃん）
child（子ども）
→ grandchild（孫）
→ great-grandchild（ひ孫）

Q ソラの祖父はだれといっしょに仕事をしていますか。

解答例　ソラのおじさんとおばさんとです。

エミリーとソラの会話を聞いて，リリーについて正しいものには〇を，正しくないものには×をつけましょう。→ 音声の内容は p.114 にあります。

a.（ ○ ） 　b.（ × ） 　c.（ × ） 　d.（ ○ ）

New Words 単語と語句　アクセントの位置に注意して，声に出して発音しよう。

- does [ダズ] 動 助
  〔主語が3人称・単数で現在のときのdo の形〕
- work [ワ〜ク] 動 働く，取り組む
- every [エヴリィ] 形 毎〜，〜ごとに
- day [デイ] 名 日
- every day　毎日
- busy [ビズィ] 形 いそがしい
- during [ドゥ[デュア]リング] 前 〜の間中
- harvest [ハーヴェスト] 名 収穫
- season [スィーズン] 名 季節，時期
- alone [アろウン] 副 ひとりで
- doesn't [ダズント] does not の短縮形

s の発音のちがいに注意しよう。　sister [s] / busy [z]

✔ Target 16

① He works every day.　彼は毎日働きます。

② **Does** he work　every day?　彼は毎日働きますか。

③ ——Yes, he **does.** / No, he **does not.**

はい，働きます。／ いいえ，働きません。

- 主語が I と you 以外の単数で，現在のことを言う場合，疑問文は主語の前に does を置きます。
- 動詞に s や es はつけません。
- does not → doesn't

Practice

例にならって，それぞれの人についてたずね，絵の内容を見て答えましょう。

例　*A:* Does Bruno live in Brazil?（ブルーノはブラジルに住んでいますか。）
　　B: Yes, he does.（はい，住んでいます。）

例　Bruno / live in Brazil（ブルーノ／ブラジルに住んでいる）

解答例　1. *A:* Does Mayu play tennis?（マユはテニスをしますか。）
　　　　B: No, she doesn't.（いいえ，しません。）

　　　2. *A:* Does Mike eat *natto*?（マイクは納豆を食べますか。）
　　　　B: Yes, he does.（はい，食べます。）

　　　3. *A:* Do Saki and Ken walk to school?（サキとケンは歩いて学校へ行きますか。）
　　　　B: No, they don't.（いいえ，行きません。）

Use

①　1. ノートに次の表を書いて，ふだん家で自分がしていることには○を，していないことには×をつけましょう。

名前	set the table （食卓の準備をする）	wash the dishes （皿を洗う）	take out the garbage （ごみを出す）
Ken （ケン）	○	×	○

2. 3人グループになってノートを交換し，例にならってたずね合いましょう。

例　*A:* Does Ken set the table?（ケンは食卓の準備をしますか。）
　　B: Yes, he does. / No, he doesn't.（はい，します。／ いいえ，しません。）

解答例　*A:* Does Ken wash the dishes?（ケンは皿を洗いますか。）
　　　　B: Yes, he does. / No, he doesn't.（はい，洗います。／ いいえ，洗いません。）

②　例にならって，❶でたずねた文と答えを書きましょう。

例　Does Ken set the table?　Yes, he does.

解答例　Does Ken wash the dishes?　No, he doesn't.

このページの
New Words は
p.114 にあります。

Part ③ 人について話そう。

発音やイントネーションに気をつけて英文を読んでみよう。→ 本文の解説は p.112 にあります。

Get Ready

 ソラの祖父について，エミリーが質問しています。

Emily:	ダズ　ユア　グランドふァーざァ　グロウ　アざァ　ふルーツ ① Does your grandfather grow other fruits?
エミリー：	あなたのおじいさんはほかの果物を栽培していますか。
Sora:	ノウ　　ヒー　ダズント　グロウ　アざァ　ふルーツ　　バット ヒー　グロウズ　ライス ② No. ③ He doesn't grow other fruits. ④ But he grows rice.
ソラ：	いいえ。 彼はほかの果物は栽培していません。 でも彼は米を育てています。
Emily:	ドゥー　ユー　へるプ　ユア　グランドふァーざァ ⑤ Do you help your grandfather?
エミリー：	あなたはおじいさんを手伝いますか。
Sora:	ノウ アイ ドウント　　バットアイ ワント トゥ グロウ　チェリィズ　ウィ ず　ヒム　サムデイ ⑥ No, I don't. ⑦ But I want to grow cherries with him someday.
ソラ：	いいえ，手伝いません。 でもぼくはいつか彼とサクランボを栽培したいです。

Q ソラの祖父はサクランボ以外に何を栽培していますか。　解答例　米です。

 アオイの話を聞いて，アオイの祖母について正しいものには〇を，正しくないものには×をつけましょう。→ 音声の内容は p.115 にあります。

a. (×)　　*b.* (〇)　　*c.* (×)　　*d.* (〇)

Notes

fruit「フルーツ」

日本語では1つのフルーツでも「フルーツ」と呼びますが，英語では a fruit となります。sport も同様で，1つのスポーツは a sport となります。

New Words　**単語と語句**　アクセントの位置に注意して，声に出して発音しよう。

☐ óther [**ア**ざァ] 形 ほかの

☐ fruit(s) [ふ**ルー**ト(ツ)] 名 フルーツ, 果物

☐ help [へるプ] 動 ～を手伝う, 助ける

☐ *want to ～*　～したい

☐ táble tennis [**テイ**ブる テニス] 名 卓球

 つながる音に注意しよう。　But I want to grow cherries.

✔ Target 17

① He　　　　　grows other fruits.
彼はほかの果物を育てています。

② He **does not** grow　other fruits.
彼はほかの果物を育てていません。

> ● 主語が I と you 以外の単数で, 現在のことを言う場合, 否定文は動詞の前に does not [doesn't] を置きます。
> ● 動詞に s や es はつけません。

Practice

 例にならって, それぞれの人物がすることと, しないことを言いましょう。

例　<u>Mr. Yamada speaks English</u>, but <u>he doesn't speak Chinese</u>.
（ヤマダさんは英語を話しますが, 中国語は話しません。）

例　Mr. Yamada / speak English ○ / speak Chinese ×
（ヤマダさん／英語を話す ○／中国語を話す ×）

解答例　1. Hayate plays the clarinet, but he doesn't play the flute.
（ハヤテはクラリネットを演奏しますが, フルートは演奏しません。）

2. Ms. Okamoto teaches art, but she doesn't teach music.
（オカモト先生は美術を教えますが, 音楽は教えまません。）

3. Saki has a dog, but she doesn't have a cat.
（サキはイヌを飼っていますが, ネコは飼っていません。）

4. They eat chicken, but they don't eat beef.
（彼らは鶏肉を食べますが, 牛肉は食べません。）

Use

 ❶ 友だちや家族の中から紹介したい人を選び, 例にならって, その人がすることと, しないことを言いましょう。

例　My brother reads comic books, but <u>he doesn't</u> <u>read novels</u>.
（私の兄[弟]はマンガを読みますが, 小説は読みません。）

解答例　Mary likes apples, but she doesn't like bananas.
（メアリーはリンゴが好きですが, バナナは好きではありません。）

 ❷ ❶で紹介したことを書きましょう。

解答例　<u>Mary likes apples, but she doesn't like bananas.</u>

New Words　**単語と語句**　アクセントの位置に注意して, 声に出して発音しよう。

☐ clarinet [クらリ**ネット**] 图クラリネット　　☐ **read**(s) [**リード**(ズ)] 動～を読む

☐ **beef** [**ビーふ**] 图牛肉　　☐ **novel**(s) [**ナ**(ー)ヴる(ズ)] 图小説

Part 1 人を紹介しよう。

Target 15

①I live in Yamagata.
（私は山形に住んでいます。）

②He lives in Yamagata.
（彼は山形に住んでいます。）

②主語が単数の he, she, it など（ I と you 以外）で，現在のことを言いたいときは，一般動詞に s または es をつけて表します。
s(es) のつけ方は次のようになります。

live → lives （s をつける）	
go → goes （es をつける）	
study → studies （y を i に変えて es をつける）	
play → plays （s をつける）	
have → has [hæz] （特別な形）	

本文の解説 教科書 **66** ページ

② **He lives in Yamagata.**
　　主語が He「彼は（＝ソラのおじいさん）」なので，**動詞** live「住んでいる」に s がついた形の **lives** となっています。in は場所を表し，in Yamagata で「山形に」という意味になります。

- -

③ **He goes to his orchards early in the morning.**
　　ここも**主語が He** で，**動詞** go「行く」には es がついた形の **goes** となっています。orchards は「果樹園」の意味の orchard の複数形です。early は「早く」という意味の副詞で，early in the morning は「早朝に，朝早くに」という意味になります。

- -

④ **He grows cherries there.**
　　主語の He に続けて，**動詞** grow「～を育てる，栽培する，」は s がついた形の **grows** となっています。there は「そこに」という意味の副詞で，前の文の his orchards「彼の果樹園」をさしています。

Target 16

① He works every day.
（彼は毎日働きます。）

② **Does** he work　every day?
（彼は毎日働きますか。）

③ ——Yes, he **does.** / No, he **does not.**
（はい，働きます。／ いいえ，働きません。）

②主語が単数の he, she, it など（ I と you 以外）のときの現在のことを言う場合の疑問文は，
主語の前に does を置きます。疑問文中の動詞には，s や es はつきません。

③否定を表す does not は doesn't と短縮形で表すことができます。

本文の解説

教科書 **68** ページ

① Does your grandfather work every day?
主語が your grandfather 「あなたのおじいさん」なので，主語の前に **Does** を置く，一般動詞の疑問文になっています。動詞は work 「働く」の意味で原形です。 every day は「毎日」という意味です。

---

② Yes, he does.
Does ～？の疑問文には does を使って答えます。「**はい。**」と答えるときは〈**Yes, ＋主語＋ does.**〉の形になります。

---

③ He's very busy during the harvest season.
busy は「いそがしい」という意味の形容詞です。during は「～の間中」です。harvest は「収穫」，season は「季節」で，harvest season は「収穫期」を表しています。

---

④ Does he work alone?
主語が he なので，〈**Does ＋主語＋動詞の原形～?**〉の形の疑問文になっています。alone は「ひとりで」という意味の副詞です。

---

⑤ No, he doesn't.
Does ～？の疑問文に「**いいえ。**」と答えるときは，〈**No, ＋主語＋ does not [doesn't].**〉の形になります。

---

⑥ He works with my uncle and aunt.
主語が he で，現在のことを表す文なので，動詞 **work** には **s** がついています。with は「～といっしょに」という意味です。

Target 17　① He　　　　　grows other fruits.
（彼はほかの果物を育てています。）

② He **does not** grow　other fruits.
（彼はほかの果物を育てていません。）

主語が単数で現在のことを言う場合，I と you 以外のときは，否定文は動詞の前に does not を置いて表します。does not は doesn't と短縮形でよく使われます。
does not の後ろの動詞は s や es をつけず，原形になります。

本文の解説　　　　　　　　　　　　　　　　　　　　教科書 **70** ページ

① **Does your grandfather grow other fruits?**
主語が your grandfather の Does で始まる疑問文です。動詞 grow「〜を育てる，栽培する」は原形になります。other は「ほかの」という意味を表す形容詞です。

③ **He doesn't grow other fruits.**
主語が he のときの一般動詞の否定文です。〈主語＋ **doesn't [does not] ＋動詞の原形**〜 .〉の形です。

⑤ **Do you help your grandfather?**
help は「〜を手伝う，助ける」という意味の動詞です。

⑦ **But I want to grow cherries with him someday.**
want to 〜で「〜したい」という意味になります。**to の後ろは動詞の原形**になります。him は「ソラのおじいさん」をさしています。someday は「いつか」という意味を表す副詞です。

Unit 6

→ 解答は p.104 にあります。

音声の内容は次の通りです。下線部に注意して，ソラとの関係と，その人がふだんすることを選んで記号を（　　）に書きましょう。

No. 1

This is <u>my sister Rin</u>. She likes music very much. <u>She plays the piano</u> very well.

（こちらはぼくの姉[妹]のリンです。彼女は音楽が大好きです。彼女はピアノをとても上手にひきます。）

No. 2

This is <u>my father Masato</u>. He likes cooking. <u>He cooks dinner on Sundays.</u>

（こちらはぼくの父のマサトです。彼は料理することが好きです。彼は日曜日に夕食を作ります。）

No. 3

This is <u>my mother Keiko</u>. She likes sports. <u>She plays tennis with her friends.</u>

（こちらはぼくの母のケイコです。 彼女はスポーツが好きです。 彼女は友だちとテニスをします。）

Part 2 の音声内容

→ 解答は p.106 にあります。

 音声の内容は次の通りです。下線部に注意して，リリーについて正しいものを表す絵には○を，正しくないものには×をつけましょう。

Emily: I play the guitar.
エミリー： 私はギターをひきます。

Sora: Does your sister Lily play the guitar, too?
ソラ： きみのお姉さんリリーもギターをひくのですか。

Emily: No, she doesn't. She plays the violin.
エミリー： いいえ，ひきません。 彼女はバイオリンをひきます。

Sora: Does she like Japanese food?
ソラ： 彼女は日本食が好きですか。

Emily: Yes, she does. She likes sushi very much.
エミリー： はい，好きです。 彼女はすしが大好きです。

Sora: Does she like tofu?
ソラ： 彼女はとうふが好きですか。

Emily: Um.... No, she doesn't.
エミリー： えー。 いいえ，好きではありません。

p.107 の **New Words**

New Words **単語と語句** アクセントの位置に注意して，声に出して発音しよう。　教科書 69 ページ

Mike [マイク] 图マイク〔人の名〕　□ **take** [テイク] 動～を持っていく，連れていく
□ **walk** [ウォーク] 動歩く　　　　　□ **out** [アウト] 副外へ
□ *walk to ~*　～へ歩いて行く　　　□ *take out ~*　～を(外に)出す
□ **set** [セット] 動～の準備をする　　□ **gárbage** [ガービッヂ] 图ごみ

Part 3 の音声内容

→ 解答は p.108 にあります。

 音声の内容は次の通りです。下線部に注意して，アオイの祖母について正しいものを表す絵には〇を，そうでない絵には×をつけましょう。

My grandmother likes music. <u>She plays the flute very well.</u> But <u>she doesn't like singing.</u>
(私の祖母は音楽が好きです。彼女はフルートをとても上手に演奏します。でも歌うことは好きではありません。)

She likes sports, too. <u>She plays tennis</u> every Wednesday. But <u>she doesn't play table tennis.</u>
(彼女はまた，スポーツも好きです。彼女は毎週水曜日にテニスをします。でも卓球はしません。)

Let's Talk 5 お願い

目標：相手に依頼することができる。

モデル対話 チェンとソラは，チェンの家で料理をしています。

チェン： Let's make chicken and rice.

(チキンライスを作りましょう。)

Can you help me?

(私を手伝ってくれませんか。)

ソラ： Sure.

(もちろんです。)

チェン： Can you wash the vegetables?

(野菜を洗ってくれませんか。)

ソラ： OK. But I'm not good at cooking.

(いいですよ。でも，ぼくは料理が得意ではないです。)

Can you cut them?

(それらを切ってくれませんか。)

チェン： All right. I can do that.

(わかりました。ぼくはそれができます。)

重要表現

A: **Can you** help me**?**

(私を手伝ってくれませんか。)

B: Sure. / All right. / OK.

(もちろんです。／わかりました。／いいですよ。)

New Words **単語と語句** アクセントの位置に注意して，声に出して発音しよう。

☐ sure [シュア] 副 もちろん，承知しました

☐ vegetable(s) [ヴェヂタブる(ズ)] 名 野菜

☐ cut [カット] 動 〜を切る

☐ *all right* いいですよ，わかりました

Step 1 モデル対話を練習して，ペアになって対話をしましょう。

Step 2 モデル対話を参考にして，次の状況に合う対話をしましょう。

1.　　　　2.　　　　3.

＊教科書 p.72 の写真を見て答えましょう。

(解答例) 1の場合

A: Can you help me?
（私を手伝ってくれない？）

B: Sure. I'll carry these boxes.
（もちろん。ぼくがこれらの箱を運ぶよ。）

(解答例) 2の場合

A: Can you wipe the dishes?
（お皿をふいてくれない？）

B: OK. I can do that.
（いいよ。ぼくはそれができるよ。）

(解答例) 3の場合

A: Can you put your toys away?
（おもちゃを片づけてくれない？）

B: All right. Just a moment.
（わかった。ちょっと待って。）

Tool Box

- carry　運ぶ
- wipe　ふく
- put 〜 away　〜を片づける

３人称・単数・現在

□ 主語が３人称・単数で現在のことを表す場合，一般動詞に s または es をつけます。

▶ ３人称とは，自分と相手以外の人やものを表します。

	単数	複数
１人称	I	we
２人称	you	you
３人称	he, she, it, Emily など	they, Emily and Aoi など

> １人称は自分，２人称は相手のことを指します。

肯定文

▶ 動詞に s または es をつけます。（⇒ p.231 ②３人称・単数・現在の動詞の形）

I like chocolate. ［１人称］　（私はチョコレートが好きです。）
Emily likes chocolate. ［３人称］　（エミリーはチョコレートが好きです。）

否定文

▶ 動詞の前に does not（短縮形は doesn't）を置きます。動詞に s や es はつけません。

Aoi watches TV every day. ［肯定文］
（アオイはテレビを毎日見ます。）

Aoi does not watch TV every day. ［否定文］
（アオイはテレビを毎日は見ません。）

疑問文

▶ does を主語の前に置き，文末にクエスチョンマークをつけます。動詞に s や es はつけません。

Sora plays soccer. ［肯定文］
（ソラはサッカーをします。）

Does Sora play soccer? （♪）［疑問文］
（ソラはサッカーをしますか。）

—— Yes, he does. / No, he doesn't.
（はい，します。／いいえ，しません。）

Let's Try

ペアになって，相手に食べ物とスポーツについてたずねましょう。

例 ・What food do you like? （あなたはどんな食べ物が好きですか。）

　 ・What sports do you play? （あなたはどんなスポーツをしますか。）

解答例 What food do you like?

　　　——I like rice cakes. （私はもちが好きです。）

　　 What sports do you play?

　　　——I play badminton. （私はバドミントンをします。）

　　 What food do you like?

　　　——I like fried chicken. （ぼくはフライドチキンが好きです。）

　　 What sports do you play?

　　　——I do karate. I like it very much.

　　　　（ぼくは空手をします。ぼくはそれが大好きなんです。）

次に，わかった情報を元に相手を紹介しましょう。

例 Kaori likes *okonomiyaki*. She plays tennis.
　 （カオリはお好み焼きが好きです。彼女はテニスをします。）

解答例 ・Masami likes rice cakes. She plays badminton.
　　　　（マサミはもちが好きです。彼女はバドミントンをします。）

　　 ・Kenta likes fried chicken. He does karate. He likes it very much.
　　　　（ケンタはフライドチキンが好きです。彼は空手をします。彼はそれが大好きです。）

Unit 7 アメリカの学校

Unit 7 の目標
- □ 「いつ」と時をたずねることができる。
- □ 「どこで」と場所をたずねることができる。
- □ 「どのように」と方法をたずねることができる。

教科書 **74** ページ

Part ① 「いつ」と時をたずねよう。

発音やイントネーションに気をつけて英文を読んでみよう。 → 本文の解説は p.126 にあります。

Get Ready

 ソラがエミリーに，アメリカの学校の新学年についてたずねています。

Sora:
① （フ）**ウェン** ダズ ざ スクール **イ**ア ビ**ギ**ン イン ざ **ユ**ーエス**エ**イ
When does the school year begin in the USA?

ソラ： アメリカでは学年はいつ始まりますか。

Emily:
② **イッ**トユージュアりィ ビ**ギ**ンズ ア**ふ**タァ **れ**イバァ デイ イン セプ**テ**ンバァ
It usually begins after Labor Day in September.

エミリー： ふつう 9 月の労働者の日のあとに始まります。

Sora:
③ （フ）**ウェン** イズ **れ**イバァ デイ
When is Labor Day?

ソラ： 労働者の日はいつですか。

Emily:
④ **イッ**ツ ざ **ふァ**〜スト **マ**ンデイ オヴ セプ**テ**ンバァ
It's the first Monday of September.

エミリー： 9 月の第一月曜日です。

⑤ アン**ティ**る ぜン **ウィ**ー ハヴ ア **トゥ**ー **マ**ンす ヴェイ**ケ**イション
Until then, we have a two-month vacation.

そのときまで私たちは 2 か月の夏休みです。

Q アメリカの学校は何月に始まりますか。　　**解答例**　9 月に始まります。

会話を聞いて，それぞれの国で学校が何月に始まるか書きましょう。
→ 音声の内容は p.129 にあります。

1. New Zealand (**January**)　　2. Brazil (**February**)　3. Thailand (**May**)

New Words **単語と語句** アクセントの位置に注意して，声に出して発音しよう。

- □ **when** [（フ）**ウェ**ン] 圖 いつ
- □ **year** [**イ**ア] 图 年
- □ **begin** [ビ**ギ**ン] 動 始まる
  - Labor Day [**れ**イバァ デイ] 图 レイバーデー，労働者の日
- □ **until** [アン**ティ**る] 前 〔時間が〕〜まで
- □ **then** [**ぜ**ン] 圖 そのとき
- □ **month** [**マ**ンす] 图 月
- □ **two-month** [**トゥー マ**ンす] 2 か月の
- □ **vacation** [ヴェイ**ケ**イション] 图 休日，休み
- □ **Thailand** [**タ**イらンド] 图 タイ

🔊 音の強弱に注意しよう。　When is Labor Day?　It's the first Monday of September.

120

✔ Target 18

① **When** does the school year begin?
学年はいつ始まりますか。

② ——It begins in September.　9月に始まります。

③ **When** is Labor Day?　労働者の日はいつですか。

④ ——It is the first Monday of September.
9月の第一月曜日です。

> ●「いつ」と時をたずねる
> ときは，when を使います。

Practice

 例にならって，次のことをいつするかをたずね合いましょう。

例　A: When do you take a bath?（あなたはいつ入浴しますか。）
　　B: I take a bath after dinner.（私は夕食後に入浴します。）

例　you / take a bath　I / after dinner（あなた / 入浴する　　私 / 夕食後に）

解答例　1. A: When do you practice the guitar?（あなたはいつギターを練習しますか。）
　　　　　 B: I practice the guitar after school.（私は放課後，ギターを練習します。）

　　　　2. A: When do you have P.E.?（あなたたちはいつ体育の授業がありますか。）
　　　　　 B: We have P.E. on Monday.（私たちは月曜日に体育の授業があります。）

　　　　3. A: When does the school year begin?（学年はいつ始まりますか。）
　　　　　 B: It begins in April.（4月に始まります。）

　　　　4. A: When does the summer vacation begin?（夏休みはいつ始まりますか。）
　　　　　 B: It begins in July.（7月に始まります。）

Use

 ❶ 次のことをいつするか，例にならってたずね合いましょう。

例　A: When do you wash your face?（あなたはいつ顔を洗いますか。）
　　B: I wash my face before breakfast.（私は朝食の前に顔を洗います。）

解答例　1. A: When do you do your homework?（あなたはいつ宿題をしますか。）
　　　　　 B: I do my homework before dinner.（私は夕食の前に宿題をします。）

　　　　2. A: When do you brush your teeth?（あなたはいつ歯をみがきますか。）
　　　　　 B: I brush my teeth after breakfast.（私は朝食後に歯をみがきます。）

　　　　3. A: When do you have the school marathon?（あなたたちはいつマラソン大会がありますか。）
　　　　　 B: We have the school marathon in November.（私たちは11月にマラソン大会があります。）

　　　　4. A: When does the winter vacation begin?（冬休みはいつ始まりますか。）
　　　　　 B: It begins in December.（12月に始まります。）

 ❷ ❶のやりとりを1つ書きましょう。

解答例　A: When do you do your homework?
　　　　B: I do my homework before dinner.

> このページの **New Words** は p.129 にあります。

Part ② 「どこで」と場所をたずねよう。

発音やイントネーションに気をつけて英文を読んでみよう。→ 本文の解説は p.127 にあります。

Get Ready

 エミリーはソラに，アメリカの学校での教科書の扱い方を説明しています。

Emily: ① In the USA, students usually don't bring their textbooks home.
エミリー：　アメリカでは，生徒はふだん教科書を持ち帰りません。

Sora: ② Where do they keep their textbooks?
ソラ：　彼らはどこに教科書をしまっておきますか。

Emily: ③ They keep them in their lockers.
エミリー：　彼らは自分たちのロッカーにしまっておきます。

Sora: ④ Where are their lockers?
ソラ：　彼らのロッカーはどこにありますか。

Emily: ⑤ They're in the hallway.
エミリー：　それらは廊下にあります。

Q アメリカでは教科書をどこに置いていますか。　　解答例　ロッカーの中に置いています。

 ソラとお母さんの会話を聞いて，1 ～ 3 のものがある場所を a ～ d から選びましょう。
→ 音声の内容は p.130 にあります。

 in　 on　 by　 under

1. pencil case （ *a* ）
2. key （ *b* ）
3. textbook （ *c* ）

New Words　**単語と語句**　アクセントの位置に注意して，声に出して発音しよう。

- □ student(s) [ストゥ[テュ]ーデント(ツ)] 图生徒
- □ bring [ブリング] 動～を持ってくる
- □ where [(フ)ウェア] 副どこに[で]
- □ keep [キープ] 動～をしまっておく
- □ locker(s) [らカァ(ズ)] 图ロッカー
- □ hallway [ホーるウェイ] 图廊下

- □ by [バイ] 前①～のそばに，
  　② 〔手段・方法〕～によって
- □ under [アンダァ] 前～の下に
- □ key [キー] 图かぎ
- □ find [ふァインド] 動～を見つける
- □ sofa [ソウふァ] 图ソファ

🔊 oo の発音のちがいに注意しよう。　school [u:] / textbook [u]

✔ Target 19

① **Where** do they keep their textbooks?
彼らはどこに教科書をしまっておきますか。

② ——They keep them in their lockers.
彼らは自分たちのロッカーにしまっておきます。

③ **Where** are their lockers?　彼らのロッカーはどこにありますか。

④ ——They are in the hallway.　それらは廊下にあります。

> ●「どこ」と場所をたずねるときは，where を使います。

Practice

 例にならって，次のことをどこでするかをたずね合いましょう。

例　A: Where do the students have lunch?（生徒たちはどこで昼食を食べますか。）

　　B: They have lunch in their classroom.（彼らは教室で昼食を食べます。）

例　the students / have lunch / in their classroom（生徒たち／昼食を食べる／教室で）

解答例　1. A: Where do Mayu and Saki practice the flute?
　　　　　　（マユとサキはどこでフルートを練習しますか。）

　　　　　　B: They practice the flute in the music room.
　　　　　　（彼女たちは音楽室でフルートを練習します。）

　　　　2. A: Where does Mr. Yamada put his bag?（ヤマダさんはどこにバッグを置きますか。）

　　　　　　B: He puts his bag under his desk.（彼は机の下にバッグを置きます。）

　　　　3. A: Where does the cat sleep?（ネコはどこで眠りますか。）

　　　　　　B: It sleeps on the sofa.（それはソファの上で眠ります。）

Use

 1 次の 1 ～ 4 のものを，絵の中の好きな場所に置きましょう。それをもとに，
例にならって，たずね合いましょう。

例　A: Where is the picture?（絵はどこにありますか。）

　　B: It's on the wall.（壁にかかっています。）

> このページの
> **New Words** は
> p.130 にあります。

解答例　1. A: Where is the picture?

　　　　　　B: It's by the window.（窓のそばにあります。）

　　　　2. A: Where is the calendar?（カレンダーはどこにありますか。）

　　　　　　B: It's on the bookshelf.（本棚の上にあります。）

　　　　3. A: Where is the mirror?（鏡はどこにありますか。）

　　　　　　B: It's on the table.（テーブルの上にあります。）

　　　　4. A: Where is the computer?（コンピューターはどこにありますか。）

　　　　　　B: It's on the desk.（机の上にあります。）

 2 **1**のやりとりを 1 つ書きましょう。　（解答例省略）

Part ③ 「どのように」と方法をたずねよう。

発音やイントネーションに気をつけて英文を読んでみよう。 → 本文の解説は p.128 にあります。

Get Ready

 ソラがエミリーに，アメリカの学校の通学方法についてたずねています。

Sora:　① How do students go to school in the USA?
ソラ：　　アメリカでは生徒はどうやって学校に通っていますか。

Emily:　② In my hometown, many students go to school by bus.
エミリー：　私の故郷では，多くの生徒がバスで学校に通っています。

③ The school buses pick up students near their homes and take
スクールバスが生徒を自宅の近くで乗せて，学校へ連れて行きます。

them to school.　④ The buses are free!
　　　　　　　　　そのバスは無料です。

Sora:　⑤ That's great.
ソラ：　　それはいいですね。

Q 生徒はどこでスクールバスに乗りますか。　**解答例** 自宅近くでバスに乗ります。

 アオイとチェンの会話を聞いて，それぞれの通学方法を選びましょう。
→ 音声の内容は p.131 にあります。

1. Aoi (*a*)　**2.** Chen (*b*)(*d*)

a. walk to school　*b.* by bike　*c.* by bus　*d.* by train

New Words　**単語と語句** アクセントの位置に注意して，声に出して発音しよう。

☐ **hometown** [ホウムタウン] 图 故郷の町[市, 村]

☐ **bus** [バス] 图 バス

☐ **pick** [ピック] 動 ～を拾う

☐ *pick up ～*　～を拾い上げる

☐ **near** [ニア] 前 ～の近くに[で, の]

☐ *take ～ to ...*　～を…に連れて[持って]いく

☐ **free** [ふリー] 形 無料の, ただの

☐ **bike** [バイク] 图 自転車(=bicycle)＝☐ **bicycle** [バイスィクる]

☐ **come** [カム] 動 来る

☐ **rainy** [レイニィ] 形 雨の

---

u の発音のちがいに注意しよう。　the USA, use [ju:] / bus, up [ʌ]

✔ Target 20

① **How** do they go to school?
彼らはどのようにして学校に通っていますか。

② ——They go to school by bus.
彼らはバスで学校に通っています。

> ●「どのように（方法）」や「どんなふうに（様態）」とたずねるときは，how を使います。

Practice

例にならって，次のことをどのようにするかをたずね合いましょう。

例　A: How does Ken go to school?（ケンはどのようにして学校に通っていますか。）

　　B: He goes to school by bike.（彼は自転車で学校に通っています。）

例　Ken / go to school / by bike （ケン／学校へ通う／自転車で）

解答例　1. A: How does Ms. Oka go to work?（オカ先生はどのようにして仕事に行きますか。）

　　　　　B: She goes to work by train.（彼女は電車で仕事に行きます。）

　　　　2. A: How does Mr. Sato eat sushi?（サトウさんはどのようにしてすしを食べますか。）

　　　　　B: He eats sushi [it] with his fingers.（彼は指を使ってすし［それ］を食べます。）

　　　　3. A: How does Saki eat spaghetti?（サキはどのようにしてスパゲッティ［それ］を食べますか。）

　　　　　B: She eats spaghetti [it] with a fork and spoon.
　　　　　　（彼女はフォークとスプーンを使ってスパゲッティを食べます。）

　　　　4. A: How does Mayu go to school?（マユはどのようにして学校に通っていますか。）

　　　　　B: She walks to school.（彼女は学校へ歩いて行きます。）

Use

例にならって，次のことをどのようにするかをたずね合いましょう。

例　A: How do you come to school?

　　（あなたはどのようにして学校へ来ていますか。）

　　B: I come to school by bike.

　　（私は自転車で学校へ来ています。）

解答例　1. A: How do you come to school?

　　　　　B: I come to school by train.（私は学校へ電車で来ています。）

　　　　2. A: How do you eat sushi?（あなたはどのようにしてすしを食べますか。）

　　　　　B: I eat sushi [it] with chopsticks.（私ははしですし［それ］を食べます。）

　　　　3. A: How do you eat spaghetti?（あなたはどのようにしてスパゲッティを食べますか。）

　　　　　B: I eat spaghetti [it] with a fork.（私はフォークでスパゲッティ［それ］を食べます。）

Tool Box

• with chopsticks
　はしで

• with a fork
　フォークで

• with my fingers
　指を使って

❷ ❶のやりとりを１つ書きましょう。
（解答例省略）

このページの　**New Words**　は p.128 にあります。

Unit 7 本文の解説

Part 1 「いつ」と時をたずねよう。

Target 18

① **When** does the school year begin? （学年はいつ始まりますか。）

② ——It begins in September. （9月に始まります。）

③ **When** is Labor Day? （労働者の日はいつですか。）

④ ——It is the first Monday of September. （9月の第一月曜日です。）

① 「いつ」と時をたずねるときには疑問詞 **when** を使います。文頭に **When** を置いて疑問文を続けます。

When does the school year begin?
いつ　　　　学年は
　　　始まりますか

③〈A is B.〉の文も when でたずねることができます。

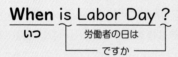

When is Labor Day?
いつ　労働者の日は
　　　ですか

本文の解説　　　　　　　　　　　　　　　　　　教科書 **74** ページ

① When does the school year begin in the USA?

when（**いつ**）をたずねる文です。school year は「学校の年」→「学年（度）」のことです。the USA は「アメリカ合衆国」という国について話すときに使われます。the United States of America の略称です。

- -

② It usually begins after Labor Day in September.

it は the school year をさします。Labor Day（労働者の日）は 1880 年代に米国内各州で定められた労働者を尊重するための法定休日です。

- -

③ When is Labor Day?

when（**いつ**）をたずねる疑問文です。「労働者の日というのはいつですか。」とたずねています。

- -

⑤ Until then, we have a two-month vacation.

until は「～まで」を表す前置詞です。then はここでは名詞で，「その時（＝労働者の日のあとの，新年度が始まる時）」です。two-month は「2 か月間の」です。形容詞なので，two があっても month は複数形にはなりません。

126

Target 19

① **Where** do they keep their textbooks?
(彼らはどこに教科書をしまっておきますか。)

② ——They keep them in their lockers.
(彼らは自分たちのロッカーにしまっておきます。)

③ **Where** are their lockers? （彼らのロッカーはどこにありますか。）

④ ——They are in the hallway. （それらは廊下にあります。）

「どこ」と場所をたずねるときは，疑問詞 **where** を使います。文頭に **Where** を置いて，疑問文を続けます。

① **Where** do they keep their textbooks ?
どこに　　　　　　　　彼らの教科書を
　　　　　　　　彼らはしまっておきますか

③ **Where** are their lockers ?
どこに　　　　彼らのロッカーは
　　　　　　にありますか

 **本文の解説** 　　　　　　　　　　　　　　　　教科書 **76** ページ

① **In the USA, students usually don't bring their textbooks home.**
usually は「ふだんは」という意味です。bring ～ home の home は「家へ」を意味する副詞です。「～を家へ持ってくる」→「～を持って帰る」ということです。

- -

② **Where do they keep their textbooks?**
where は「どこに」と場所をたずねる疑問詞です。keep はここでは「～を(持って帰らないで)置いておく」という意味です。they は文①の students をさしています。

- -

③ **They keep them in their lockers.**
最初の they は students です。次の them は their(＝生徒たちの)textbooks で，their lockers の their は「彼ら(＝生徒たち)の」です。

- -

④ **Where are their lockers?**
主語が their lockers と複数形なので，述語は are です。主語が単数形(たとえば her locker)ならば，**Where** is her locker? となります。

- -

⑤ **They're in the hallway.**
they は their lockers をさしています。hallway は「廊下」の意味です。

Part 3 「どのように」と方法をたずねよう。

Target 20
① **How** do they go to school? （彼らはどのようにして学校に通っていますか。）
② ——They go to school **by bus.** （彼らはバスで学校に通っています。）

「どのように（方法）」や「どんなふうに（様態）」とたずねるときは，
疑問詞 **how** を使います。**How** を文頭に置いて疑問文を続けます。

<u>**How** do they go to school?</u>
どのようにして 彼らは学校へ通っていますか

本文の解説

教科書 **78** ページ

① **How do students go to school in the USA?**
　how（**どのようにして**）をたずねる疑問文です。go to school の school は，建物ではなく，「学校教育」の意味なので，無冠詞です。毎日なので「通っている」と言えます。

----

② **In my hometown, many students go to school by bus.**
　hometown は大きさにかかわらず，生まれて育った「故郷の町」です。by bus（バスで）の bus には冠詞がつかないことに注意しましょう。

----

③ **The school buses pick up students near their homes and take them to school.**
　pick up ～は「～を拾い上げる」という熟語です。ここでは目的語が「生徒たち」なので「乗せる」ということです。前置詞 near は「～の近くで」を表します。take ～ to ... は，「～」が人の場合は「～を…へ連れていく」です。

----

④ **The buses are free!**
　the buses はスクールバスのことです。free は「無料の」の意味です。

p.125 の **New Words**

New Words **単語と語句** アクセントの位置に注意して，声に出して発音しよう。　　教科書 **79** ページ

☐ finger(s) [ふィンガァ(ズ)] 图指　　　　　☐ fork [ふォーク] 图フォーク
☐ spaghetti [スパゲティ] 图スパゲッティ

128

Unit 7

Part 1 ▸ の音声内容

→ 解答は p.120 にあります。

 音声の内容は次の通りです。下線部に注意して，それぞれの国では学校が何月に始まるか書きましょう。月の名前を正しく書けるようにしましょう。

No. 1

A: When does the school year begin in New Zealand?
（ニュージーランドでは学年はいつ始まりますか。）

B: It usually begins in <u>January</u>.
（ふつうは 1 月に始まります。）

No. 2

A: When does the school year begin in Brazil?
（ブラジルでは学年はいつ始まりますか。）

B: It usually begins in <u>February</u>.
（ふつうは 2 月に始まります。）

No. 3

A: When does the school year begin in Thailand?
（タイでは学年はいつ始まりますか。）

B: It usually begins in <u>May</u>.
（ふつうは 5 月に始まります。）

p.121 の **New Words**

New Words **単語と語句** アクセントの位置に注意して，声に出して発音しよう。　　教科書 **75** ページ

- [ ] **bath** [バす] 图 入浴
- [ ] *take a bath*　入浴する
- [ ] **practice** [プラクティス] 動 （〜を）練習する
- [ ] **before** [ビふォー] 前 〜の前に
- [ ] **breakfast** [ブレックふァスト] 图 朝食
- [ ] **homework** [ホウムワ〜ク] 图 宿題
- [ ] **brush** [ブラッシ] 動 〜を（ブラシで）みがく
- [ ] **teeth** [ティーす] 图 tooth の複数形
- [ ] **tooth** [トゥーす] 图 歯

Part 2 の音声内容

→ 解答は p.122 にあります。

 声の内容は次の通りです。下線部に注意して，1 ～ 3 のものがある場所の記号を選びましょう。

No. 1

Sora:　Where is my pencil case?

ソラ：　ぼくの筆箱はどこにある？

Mother:　Oh, it's <u>under the table</u>.

母：　ああ，それはテーブルの下にあるわ。

No. 2

Sora:　I can't find my key.　Where is it?

ソラ：　ぼくのかぎ見つからないんだ。どこにある？

Mother:　It's <u>in the box</u> on the table.

母：　それはテーブルの上の箱の中にあるわ。

No. 3

Sora:　Where is my textbook?

ソラ：　ぼくの教科書はどこにある？

Mother:　Oh, it's <u>under the newspaper</u> on the sofa.

母：　ああ，それはソファの上の新聞の下にあるわ。

p.123 の　**New Words**

New Words　**単語と語句**　アクセントの位置に注意して，声に出して発音しよう。　教科書 **77** ページ

- [ ] **put** [プット] 動 ～を置く
- [ ] **bag** [バッグ] 名 バッグ
- [ ] **desk** [デスク] 名 机
- [ ] **sleep** [スりープ] 動 眠る
- [ ] **wall** [ウォーる] 名 壁
- [ ] **calendar** [キャれンダァ] 名 カレンダー
- [ ] **mirror** [ミラァ] 名 鏡
- [ ] **computer** [コンピュータァ] 名 コンピューター

Part 3 の音声内容

→ 解答は p.124 にあります。

 音声の内容は次の通りです。下線部に注意して，それぞれの通学方法を選びましょう。

No. 1

Chen: Aoi, how do you come to school?

チェン： アオイ，あなたはどのようにして学校に来るのですか。

Aoi: I walk to school.

アオイ： 私は学校まで歩きます。

No. 2

Aoi: Chen, how do you come to school?

アオイ： チェン，あなたはどのようにして学校に来るのですか。

Chen: I usually come to school by bike. I come to school by train on rainy days.

チェン： ぼくはふだんは自転車で学校に来ます。雨の日は電車で学校に来ます。

Let's Talk 6 道案内

目標：道順を伝えることができる。

モデル対話 アオイは，外国人の旅行者に道をたずねられています。

旅行者： **Excuse me. Where's the library?**
（すみません。図書館はどこにありますか。）

アオイ： **Sorry?**
（すみません，何でしょうか。）

旅行者： **Where is the library?**
（図書館はどこにありますか。）

アオイ： **It's near here. Go straight down this street.**
（ここの近くです。この通りに沿ってまっすぐ行ってください。）

Turn right at the park. It's on your left.
（公園を右に曲がってください。それは左側にあります。）

You can't miss it.
（見落としはしませんよ。）

旅行者： **OK. Thanks.**
（わかりました。ありがとう。）

アオイ： **You're welcome.**
（どういたしまして。）

重要表現

Go straight down this street. （この通りに沿ってまっすぐ行ってください。）

Turn right at the park. （公園を右に曲がってください。）

It's **on your left.** （それは左側にあります。）

New Words **単語と語句** アクセントの位置に注意して，声に出して発音しよう。

where's [(フ)**ウェ**アズ] where is の短縮形
☐ **library** [**ら**イブレリィ] 图図書館
☐ **straight** [ストゥ**レ**イト] 副まっすぐに
☐ **street** [ストゥ**リ**ート] 图通り，道路
☐ **right** [**ラ**イト] 图副右(へ)
☐ **turn** [**タ**ーン] 動曲がる

☐ **left** [**れ**ふト] 图副左(へ)
☐ **miss** [**ミ**ス] 動〜を見逃す
☐ *Thanks.* 〔Thank you. のくだけた言い方〕
☐ **welcome** [**ウェ**るカム] 形歓迎される
☐ *You're welcome.* どういたしまして。

132

Step 1 モデル対話を練習して，ペアになって対話をしましょう。

Step 2 ペアになり，モデル対話を参考にして，①〜③の場所を案内しましょう。

① police station

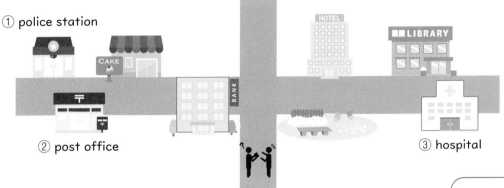

② post office

③ hospital

学校内の地図でも対話をしてみよう。

→ p.138 Word Box 20

(解答例) ①の場合

A: Excuse me. Where's the police station?
（すみません。警察署はどこにありますか。）

B: Go straight down this street.
（この通りに沿ってまっすぐ行ってください。）

Turn left at the bank. It's on your right.
（銀行を左に曲がってください。それは右側にあります。）

(解答例) ②の場合

A: Excuse me. Where's the post office?
（すみません。郵便局はどこにありますか。）

B: Go straight down this street.
（この通りに沿ってまっすぐ行ってください。）

Turn left at the bank. It's on your left.
（銀行を左に曲がってください。それは左側にあります。）

(解答例) ③の場合

A: Excuse me. Where's the hospital?
（すみません。病院はどこですか。）

B: It's near here. Go straight down this street.
（それはここの近くです。 この通りに沿ってまっすぐ行ってください。）

Turn right at the park. It's on your right.
（公園を右に曲がってください。それは右側にあります。）

疑問詞を使う疑問文

□「いつ」「どこで」などの疑問を表します。

what「何」	**What** is this?（↘）── It's a lunch box. （これは何ですか。）　　　　　（それは弁当箱です。） **What subject** do you like?（↘）── I like English. （あなたはどんな教科が好きですか。）　　　（私は英語が好きです。）
who「だれ」	**Who** is that girl?（↘）── She's Emily. （あの女の子はだれですか。）　　　（彼女はエミリーです。）
whose「だれの」	**Whose dog** is that?（↘）── It's Sora's. （あれはだれのイヌですか。）　　　（それはソラのです。）
when「いつ」	**When** is your birthday?（↘）── It's May 16th. （あなたの誕生日はいつですか。）　　　（5月16日です。） **When** do you get up?（↘）── I get up at six. （あなたはいつ起きますか。）　　　（私は6時に起きます。）
where「どこで」	**Where** is my bag?（↘）── It's in the locker. （私のバッグはどこにありますか。）　　　（それはロッカーの中にあります。） **Where** do you live?（↘）── I live in Tokyo. （あなたはどこに住んでいますか。）　　　（私は東京に住んでいます。）
how「どのように」	**How** do you come to school?（↘） （あなたはどのようにして学校に来ていますか。） ── I come to school by bike. （私は自転車で学校に来ています。）
which「どちら」 （⇒ Unit 8）	**Which** do you like, math（↗）or science?（↘） （あなたは数学と理科のどちらが好きですか。） ── I like math. （私は数学が好きです。）
why「なぜ」 （⇒ Unit 8）	**Why** do you like rugby?（↘） （あなたはなぜラグビーが好きなのですか。） ── **Because** it's exciting. （それはわくわくするからです。）

Let's Try ペアになって，相手について知りたいことをたずねましょう。

例　*A:* **What time do you get up?**

　　　　（あなたは何時に起きますか。）

　　B: **I usually get up at seven.**

　　　　（私はふつうは 7 時に起きます。）

　　A: **What do you eat for breakfast?**

　　　　（あなたは朝食に何を食べますか。）

　　B: **I usually eat cereal*.**　　*cereal：シリアル

　　　　（私はふだんはシリアルを食べます。）

　　A: **How do you come to school?**

　　　　（あなたはどのようにして学校に来ていますか。）

　　B: **I come to school by bike.**

　　　　（私は自転車で学校に来ています。）

解答例　*A:* **When is your birthday?**

　　　　　（あなたの誕生日はいつですか。）

　　　B: **It's February 11th.**

　　　　　（2 月 11 日です。）

　　　A: **Where do you live?**

　　　　　（あなたはどこに住んでいますか。）

　　　B: **I live in Osaka.**

　　　　　（私は大阪に住んでいます。）

　　　A: **How do you come to school?**

　　　　　（あなたはどのようにして学校に来ていますか。）

　　　B: **I come to school by bus.**

　　　　　（私はバスで学校に来ています。）

> what や who などを疑問詞と呼びます。
> 疑問詞を使う疑問文は下がり調子で言います。

Unit 8

ベル先生の 買い物

Unit 8 の目標
- □「どちらを」とたずねることができる。
- □「なぜ」と理由をたずねたり，答えたりすることができる。
- □ 過去のことを説明することができる。

教科書 **82** ページ

Part ① 「どちらを」とたずねよう。

発音やイントネーションに気をつけて英文を読んでみよう。→ 本文の解説は p.142 にあります。

Get Ready

　アオイとベル先生が，暖房器具（だんぼう）について話しています。

Ms. Bell:　イッツ　コウるド　すィーズ　デイズ　（フ）ワット　カインド　オヴ　ヒータァ　ドゥー　ユー　ユーズ
① It's cold these days.　② What kind of heater do you use?
ベル先生：　近ごろは寒いですね。　あなたはどんな種類の暖房器具を使うのですか。

Aoi:　アイ ユーズ ア ふァン　ヒータァ　アンド ア　コタツ
③ I use a fan heater and a *kotatsu*
アオイ：　私はファンヒーターとこたつを使います。

Ms. Bell:　（フ）ウィッチ　ドゥー　ユー　レコメンド　ア ふァン　ヒータァ　オー ア　コタツ
④ Which do you recommend, a fan heater or a *kotatsu*?
ベル先生：　あなたはファンヒーターとこたつのどちらをすすめますか。

Aoi:　アイ　レコメンド　ア　コタツ　アイ らイクイット ヴェ리ィ　マッチ
⑤ I recommend a *kotatsu*.　⑥ I like it very much.
アオイ：　私はこたつをすすめます。　私はそれが大好きです。

Q アオイが使っている暖房器具は何ですか。　解答例 ファンヒーターとこたつです。

レストランでの３つの会話を聞いて，女性がすすめているものを選びましょう。
→ 音声の内容は p.145 にあります。

1. (c)　　2. (a)　　3. (f)

New Words　単語と語句　アクセントの位置に注意して，声に出して発音しよう。

- □ cold [コウるド] 形 寒い
- □ these days　近ごろは
- □ kind [カインド] 名 種類
- □ What kind of ~ ?　どんな種類の~ですか。
- □ heater [ヒータァ] 名 ヒーター, 暖房器具
- □ use [ユーズ] 動 ~を使う, 消費する
- □ fan heater [ファン ヒータァ] 名 ファンヒーター
- □ which [(フ)ウィッチ] 代 どちら, どれ

- □ recommend [レコメンド] 動 ~をすすめる
- □ or [オー] 接 ~か(または)…
- □ choose [チューズ] 動 ~を選ぶ
- □ salad [サらッド] 名 サラダ
- □ soup [スープ] 名 スープ
- □ sweet(s) [スウィート(ツ)] 名 甘いもの
- □ pie [パイ] 名 パイ

---

or を含む文の音の上がり下がりに注意しよう。　Which do you recommend, a fan heater (↗) or a *kotatsu*? (↘)

 **Target 21**

① **Which** do you recommend, a fan heater or a *kotatsu*?
あなたはファンヒーターとこたつのどちらをすすめますか。

② ——I recommend a *kotatsu*. 私はこたつをすすめます。

- 「どちらを」と選択肢の中からたずねるときは，which を使います。
- 「A か B か」と選択肢を言うときは，後ろに A or B? をつけます。

Practice

 例にならって，どちらを～したいかをたずね合いましょう。

例　A: Which do you <u>want</u>, *soba* or *udon*? （あなたはそばとうどんのどちらがほしいですか。）
　　B: I <u>want</u> *soba*. （私はそばがほしいです。）

例　want / *soba* / *udon* （～がほしい／そば／うどん）

解答例　1. A: Which do you want, coffee or tea? （あなたはコーヒーと紅茶のどちらがほしいですか。）
　　　　　　B: I want coffee. （私はコーヒーがほしいです。）
　　　　2. A: Which do you want, a cat or a dog?
　　　　　　　（あなたはイヌとネコのどちらがほしいですか。）
　　　　　　B: I want a dog. （私はイヌがほしいです。）
　　　　3. A: Which do you want to play, the guitar or the drums?
　　　　　　　（あなたはギターとドラムのどちらを演奏したいですか。）
　　　　　　B: I want to play the guitar. （私はギターを演奏したいです。）
　　　　4. A: Which do you want to visit, the USA or the UK?
　　　　　　　（あなたはアメリカとイギリスのどちらを訪れたいですか。）
　　　　　　B: I want to visit the USA. （私はアメリカを訪れたいです。）

Use

  例にならって，次のどちらがよいかをたずね合いましょう。

例　A: Which do you <u>want</u>, <u>gloves</u> or <u>a scarf</u>? （あなたは手袋とスカーフのどちらがほしいですか。）
　　B: I want <u>a scarf</u>. （私はスカーフがほしいです。）

解答例　1. A: Which do you like, Japanese movies or American movies?
　　　　　　　（あなたは日本映画とアメリカ映画のどちらが好きですか。）
　　　　　　B: I like American movies. （私はアメリカ映画が好きです。）
　　　　2. A: Which do you recommend, *okonomiyaki* or *yakisoba*?
　　　　　　　（あなたはお好み焼きと焼きそばではどちらをすすめますか。）
　　　　　　B: I recommend *yakisoba*. （私は焼きそばをすすめます。）
　　　　3. A: Which do you want to eat for breakfast, rice or bread?
　　　　　　　（あなたはご飯とパンのどちらを朝食に食べたいですか。）
　　　　　　B: I want to eat bread. （私はパンを食べたいです。）

 ❷ ❶のやりとりを１つ書きましょう。 （解答例省略）

このページの
New Words は
p.142 にあります。

Part ② 「なぜ」と理由をたずねたり，答えたりしよう。

発音やイントネーションに気をつけて英文を読んでみよう。→ 本文の解説は p.143 にあります。

Get Ready

 アオイとベル先生の話は続きます。

Ms. Bell: ① Why do you like a *kotatsu*?
ベル先生： なぜあなたはこたつが好きなのですか。

Aoi: ② Because I can relax in it. ③ I often sleep in it.
アオイ： その中でくつろげるからです。　私はよくその中で眠ってしまいます。

Ms. Bell: ④ Oh, really.
ベル先生： まあ，そうですか。

Aoi: ⑤ Also a *kotatsu* is eco-friendly.
アオイ： それにこたつは環境に優しいです。

Ms. Bell: ⑥ Why is a *kotatsu* eco-friendly?
ベル先生： なぜこたつは環境に優しいのですか。

Aoi: ⑦ Because it warms a small space and doesn't use a lot of power.
アオイ： なぜなら小さな空間を暖め，そしてたくさんの電力を使わないからです。

Ms. Bell: ⑧ That's great!
ベル先生： それはすばらしいですね！

Q アオイがこたつを好きな理由は何ですか。　**解答例** くつろげて環境に優しいからです。

 アオイとチェンの会話を聞いて，それぞれが早起きをする理由を選びましょう。
→ 音声の内容は p.146 にあります。

Aoi (*b*)　　Chen (*d*)

New Words　単語と語句　アクセントの位置に注意して，声に出して発音しよう。

- why [(フ)ワイ] 副 なぜ
- because [ビコーズ] 接 (なぜなら)〜だから
- relax [リらックス] 動 くつろぐ
- often [オーふン] 副 よく，たびたび
- also [オーるソウ] 副 〜もまた
- eco-friendly [イーコウ ふレンドリィ] 形 環境に優しい
- warm(s) [ウォーム(ズ)] 動 〜を暖める
- small [スモーる] 形 小さい，狭い
- space [スペイス] 名 スペース，場所
- lot [らット] 名 〔次の連語で〕
- a lot of 〜　たくさんの〜
- power [パウア] 名 電力，エネルギー
- contest [カンテスト] 名 コンテスト，コンクール

あいづちの really は下げて言おう。　Oh, really. (↘) (→ 教科書 p.32)

138

✔ Target 22

① **Why** do you like *a kotatsu*?
なぜあなたはこたつが好きなのですか。

② ——**Because** I can relax in it.
その中でくつろげるからです。

> ● 「なぜ」と理由をたずねる
> ときは, why を使います。
> ● 「～だからです」と理由を
> 答えるときは, because
> を使います。

Practice

 例にならって, 理由をたずね合いましょう。

例　*A:* Why does <u>Ken</u> <u>like summer</u>? （なぜケンは夏が好きなのですか。）

　　B: Because <u>he can swim in the sea</u>. （彼は海で泳げるからです。）

例　Ken / like summer / he can swim in the sea （ケン／夏が好き／彼は海で泳げる）

（解答例）　1. *A:* Why does Hana like hamsters? （なぜハナはハムスターが好きなのですか。）

　　　　　B: Because they are cute. （それらはかわいいからです。）

　　　　2. *A:* Why does Saki like that movie? （なぜサキはあの映画が好きなのですか。）

　　　　　B: Because it's funny. （それはおもしろいからです。）

　　　　3. *A:* Why does Mr. Sato get up early? （なぜサトウさんは早起きなのですか。）

　　　　　B: Because he walks his dog. （彼はイヌを散歩させるからです。）

　　　　4. *A:* Why does Yuta study English hard? （なぜユウタは英語を熱心に勉強するのですか。）

　　　　　B: Because he wants to study abroad. （彼は留学したいからです。）

Use

 1 例にならって, あるもの[こと]を好きな理由をたずね合いましょう。

例　*A:* I like the Harry Potter movies. （私はハリーポッターの映画が好きです。）

　　B: Why do you like <u>them</u>? （なぜあなたはそれらが好きなのですか。）

　　A: Because <u>they're exciting</u>. （それらはわくわくするからです。）

（解答例）　*A:* I like old Japanese children's songs. （私は昔の日本の童謡が好きです。）

　　　　　B: Why do you like them? （なぜそれらが好きなのですか。）

　　　　　A: Because they're beautiful. （それらは美しいからです。）

 2 **1**のやりとりを1つ書きましょう。

（解答例）　*A:* <u>I like old Japanese children's songs.</u>

　　　　　B: <u>Why do you like them?</u>

　　　　　A: <u>Because they're beautiful.</u>

> このページの **New Words** は p.146 にあります。

Part ③ 過去のことを説明しよう。

発音やイントネーションに気をつけて英文を読んでみよう。→ 本文の解説は p.144 にあります。

Get Ready

 ベル先生がこたつを買いに，電器店にやって来ました。

Ms. Bell: ① Do you speak English?
ベル先生： あなたは英語を話せますか。

Shop Clerk: ② Yes. ③ Can I help you?
店員： はい。 何かご用でしょうか。

Ms. Bell: ④ I'd like a *kotatsu*.
ベル先生： 私はこたつがほしいのです。

Shop Clerk: ⑤ Sure. ⑥ We have a big sale now.
店員： かしこまりました。 今，大安売り中です。

⑦ This *kotatsu* is 24,000 yen! ⑧ It was 30,000 yen last week.
このこたつが 24,000 円です！ それは先週，30,000 円でした。

Ms. Bell: ⑨ Great! ⑩ But it's still expensive.
ベル先生： すてき！ でもまだそれは高いですね。

Q こたつの値段が 30,000 円だったのはいつですか。 **解答例** 先週です。

 客と店員の会話を聞いて，それぞれの商品の今の値段と先週の値段を書きましょう。
→ 音声の内容は p.147 にあります。

	1. T-shirt	**2. bag**	**3. shoes**
Now	¥ 1,000	¥ 3,000	¥ 10,000
Last Week	¥ 1,500	¥ 5,000	¥ 12,000

New Words 単語と語句 アクセントの位置に注意して，声に出して発音しよう。

- ☐ clerk [くら〜ク] 图 店員
- ☐ *Can I help you?* 何かご用でしょうか。
- ☐ would [ウッド] 勔 will の過去形
  I'd [アイド] I would の短縮形
- ☐ *I'd like 〜* 〜がほしい(I want 〜 の丁寧な言い方)
- ☐ big [ビッグ] 形 大きい
- ☐ sale [セイる] 图 売り出し, セール
  24,000 [トゥウェンティ ふォー さウズンド]
  → twenty-four thousand

- ☐ was [ワズ] 勔 勔 〔am, is の過去形〕
- ☐ last [らスト] 形 この前の, 先〜, 昨〜
- ☐ week [ウィーク] 图 週
- ☐ *last week* 先週
- ☐ still [スティる] 副 それでも(なお)
- ☐ expensive [イクスペンスィヴ] 形 (値段が)高い
- ☐ shoe(s) [シュー(ズ)] 图 くつ
- ☐ only [オウンりィ] 副 たった〜, 〜だけ, 〜しか
- ☐ were [ワ〜] 勔 勔 are の過去形

 yes/no をたずねる疑問文は文末を上げて言おう。 Do you speak English? (↗)

✔️ Target 23

① This *kotatsu* **was** 30,000 yen last week.
このこたつは先週 30,000 円でした。

② This *kotatsu* **was not** 30,000 yen last week.
このこたつは先週 30,000 円ではありませんでした。

③ **Was** this *kotatsu* 30,000 yen last week?
このこたつは先週 30,000 円でしたか。

④ ——Yes, it **was.** / No, it **was not.** はい，そうでした。 ／ いいえ，ちがいました。

- am, is の過去形は was になります。
- are の過去形は were になります。
- was not → wasn't
- were not → weren't

Practice

 例にならって，昔と今のちがいを説明しましょう。

例 <u>My dog was small</u> before, but now <u>he is big</u>. （私のイヌは以前は小さかったですが，今は大きいです。）

例 my dog / small / big （私のイヌ／小さい／大きい）

解答例
1. My hair was long before, but now it is short.
   （私の髪は以前は長かったですが，今は短いです。）

2. Bananas were expensive before, but now they are cheap.
   （バナナは以前は高かったですが，今は安いです。）

3. TVs were thick before, but now they are thin.
   （テレビは以前は厚かったですが，今は薄いです。）

Use

 1 Practice や下の例にならって，昔と今でちがうことを言いましょう。

例 <u>I wasn't good at math</u> before, but now <u>I'm good at math</u>.
（私は以前は数学が苦手でしたが，今は得意です。）

解答例
・My brother was short* before, but now he is tall*. *short：背の低い tall：背の高い
（私の弟は以前は背が低かったですが，今は背が高いです。）

・These tomatoes were green before, but now they are red.
（これらのトマトは以前は緑色でしたが，今は赤いです。）

・Tim wasn't good at tennis before, but now he is good at tennis.
（ティムは以前はテニスが苦手でしたが，今はテニスが得意です。）

 2 ❶で言ったことを書きましょう。

解答例
・<u>My brother was short before, but now he is tall.</u>

・<u>These tomatoes were green before, but now they are red.</u>

・<u>Tim wasn't good at tennis before, but now he is good at tennis.</u>

このページの **New Words** は p.147 にあります。

本文の解説

「どちらを」とたずねよう。

Target 21 ①**Which** do you recommend, a fan heater or a *kotatsu*?

（あなたはファンヒーターとこたつのどちらをすすめますか。）

② ──I recommend a *kotatsu*. （私はこたつをすすめます。）

①「どちらを」と選択肢の中からたずねるときは，which を使います。

疑問文の作り方は What で始まる文と同じです。Which を文の頭に置き，その後ろに疑問文の形を続けます。ここでは do で始まる疑問文「～しますか」が続きます。「A か B か」と選択肢を言うときは，後ろに A or B? をつけます。

② which で始まる疑問文に対する答えは，選んだものを挙げます。

本文の解説　　　　　　　　　　　　　　教科書 **82** ページ

① **It's cold these days.**

文頭の it は天気や気候を言うときの it です。it's cold は「寒い」です。these days は「近ごろは」という熟語です。

----

② **What kind of heater do you use?**

what kind of ～は「どんな種類の～」という言い方です。do you have と疑問の形が続きます。

----

④ **Which do you recommend, a fan heater or a *kotatsu*?**

which は「**どちら**」の意味です。「,」コンマの後ろに選択肢が **A or B** の形で示されています。

p.137 の **New Words**

New Words 単語と語句 アクセントの位置に注意して，声に出して発音しよう。　　教科書 **83** ページ

- ☐ **tea** [ティー] 图 お茶，紅茶
- ☐ **visit** [ヴィズィット] 動 ～を訪れる，～に行く
- ☐ **glove(s)** [グらヴ(ズ)] 图 手袋
- ☐ **scarf** [スカーふ] 图 スカーフ，マフラー
- ☐ **American** [アメリカン] 形 アメリカの
- ☐ **bread** [ブレッド] 图 パン

Target 22 ① **Why** do you like *a kotatsu*?
（なぜあなたはこたつが好きなのですか。）

② ――**Because** I can relax in it.
（その中でくつろげるからです。）

① 「なぜ」と理由をたずねるときは why を使います。文の作り方は，which や what を使った文と同じで **Why** を文の頭に置き，疑問文の形を続けます。ここでは do you ～？と続いています。

② 「(なぜなら)～だからです」と理由を答えるときは，接続詞 **because** を使います。文の頭に **Because** を置き，理由を表す文を続けます。

 **本文の解説**　　　　　　　　　　　　　 教科書 **84** ページ

① **Why** do you like *a kotatsu*?
why 「なぜ」で始まる疑問文です。*kotatsu* は日本語の「こたつ」なので，ななめの書体になっています。

----

② **Because** I can relax in it.
文①の **why** の疑問文に **because**「(なぜなら)～だから」で答えています。文末の it は *a kotatsu* をさします。「こたつに入ってくつろぐ」ので，前置詞に in が使われています。

----

⑤ **Also** *a kotatsu* is eco-friendly.
副詞 also は「～もまた」という意味です。ここでは文全体にかかるので文頭に置かれています。eco-friendly「環境に優しい」は eco-「環境」と friendly「親切な」「害を与えない」からできた形容詞です。

----

⑥ **Why** is *a kotatsu* eco-friendly?
疑問詞 **why** の後ろが，前の文⑤をもとにした **is ～?** の形の疑問文になっています。

----

⑦ **Because** it warms a small space and doesn't use a lot of power.
前の文⑥に because 「(なぜなら)～だから」で答えています。it は *a kotatsu* で，warms ～ and doesn't use ～と，2つの述語の主語になっています。

Target 23

① This *kotatsu* **was** 30,000 yen last week.

（このこたつは先週 30,000 円でした。）

② This *kotatsu* **was not** 30,000 yen last week.

（このこたつは先週 30,000 円ではありませんでした。）

③ **Was** this *kotatsu* 30,000 yen last week?

（このこたつは先週 30,000 円でしたか。）

④ ——Yes, it **was.** / No, it **was not.**

（はい，そうでした。／ いいえ，ちがいました。）

① 現在　am　→　過去　was
　　現在　is　→　過去　was
　　現在　are　→　過去　were

② was not　→　短縮形　wasn't
　　were not　→　短縮形　weren't

 本文の解説

教科書 **86** ページ

① Do you speak English?

「あなたは〜（語）を話せますか。」とたずねるときの言い方です。

---

③ Can I help you?

店員が入ってきた客に話しかけるときに使う表現です。「私はあなたを手伝うことができますか。」→「何かご用でしょうか。」の意味になります。

---

④ I'd like a *kotatsu*.

I'd like 〜 は「〜がほしいのですが。」という表現です。I want の丁寧な言い方です。I'd は I would の短縮形です。

---

⑥ We have a big sale now.

sale は「安売り，セール」です。big sale は日本語でも「ビッグセール」と言いますが「大安売り」のことです。have a sale「安売りする」のは売る側です。

---

⑧ It was 30,000 yen last week.

was は is の**過去形**です。主語の it は文⑦の this *kotatsu* をさしています。

---

⑩ But it's still expensive.

副詞 still は「まだ，それでもなお」を表します。expensive は「（値段が）高い」という意味です。

Unit 8

Part 1 の音声内容

→ 解答は p.136 にあります。

 音声の内容は次の通りです。下線部に注意して，女性がすすめているものを選びましょう。

No. 1

Woman: You can choose salad or soup.
女性： サラダかスープをお選びになれます。

Man: Which do you recommend?
男性： どちらがおすすめですか。

Woman: Um.... I recommend the soup.
女性： えー。スープをおすすめします。

No. 2

Woman: You can choose beef or chicken.
女性： ビーフかチキンをお選びになれます。

Man: Which do you recommend?
男性： どちらがおすすめですか。

Woman: I recommend the beef.
女性： ビーフをおすすめします。

No. 3

Man: I want some sweets. Which do you recommend, ice cream or apple pie?
男性： 甘いものがほしいです。アイスクリームとアップルパイのどちらがおすすめですか。

Woman: I recommend the apple pie.
女性： アップルパイをおすすめします。

Part 2 の音声内容

→ 解答は p.138 にあります。

 音声の内容は次の通りです。下線部に注意して,
それぞれが早起きをする理由を選びましょう。

Aoi: I'm sleepy. I get up early every morning.

アオイ: 私は眠いです。私は毎朝早く起きるんです。

Chen: Why do you get up early?

チェン: あなたはなぜ早く起きるのですか。

Aoi: Because I practice singing for the chorus contest.

アオイ: 私は合唱コンクールのために歌う練習をしているからです。

Chen: Great! I get up early, too.

チェン: すごいですね! ぼくも早く起きますよ。

Aoi: Why do you get up early?

アオイ: あなたはなぜ早く起きるのですか。

Chen: Because I run every morning.

チェン: 毎朝走るからです。

p.139 の **New Words**

New Words **単語と語句** アクセントの位置に注意して,声に出して発音しよう。 教科書 **85** ページ

- ☐ sea [スィー] 图 海
- ☐ hamster(s) [ハムスタァ(ズ)] 图 ハムスター
- ☐ **hard** [ハード] 副 熱心に, 一生けんめい
- ☐ abroad [アブロード] 副 外国へ[で]
- ☐ Harry Potter movies [ハリィ パタァ ムーヴィズ] 〔the ～〕ハリー・ポッターシリーズの映画
- ☐ **exciting** [イクサイティング] 形 わくわくさせる

Part 3 の音声内容

→ 解答は p.140 にあります。

 音声の内容は次の通りです。下線部に注意して,
それぞれの商品の今の値段と先週の値段を書きましょう。

No. 1

Customer: I like that T-shirt.

客: 私はあのTシャツが気に入りました。

Clerk: We have a sale now. It's only <u>1,000 yen</u> <u>now</u>. It was <u>1,500 yen</u> <u>last week</u>.

店員: 今は安売りしています。今ならたったの1,000円です。それは先週1,500円でした。

No. 2

Customer: This bag is nice. How much is it?

客: このバッグはいいですね。いくらですか。

Clerk: We have a big sale now. It's <u>3,000 yen</u> <u>now</u>. It was <u>5,000 yen</u> <u>last week</u>.

店員: 今は大安売りしています。今なら3,000円です。それは先週5,000円でした。

No. 3

Customer: How much are these shoes?

客: このくつはいくらですか。

Clerk: They're <u>10,000 yen</u> <u>now</u>. They were <u>12,000 yen</u> <u>last week</u>.

店員: 今は10,000円です。先週は12,000円でした。

p.141 の **New Words**

New Words **単語と語句** アクセントの位置に注意して, 声に出して発音しよう。 教科書 **87** ページ

- ☐ **hair** [ヘア] 图 髪の毛
- ☐ **long** [ろーング] 形 長い
- ☐ **short** [ショート] 形 短い
- ☐ **cheap** [チープ] 形 安い
- ☐ **thick** [すィック] 形 厚い
- ☐ **thin** [すィン] 形 薄い

Let's Talk 7 ファーストフード店

目標：飲食店で注文することができる。

モデル対話 ソラは，旅行先のアメリカでファーストフード店に来ています。

店員： **Hi. Can I help you?**
（こんにちは。何かご用でしょうか。）

ソラ： **Can I have three Burger Meals with three colas?**
（バーガー・ミールを3つとコーラを3ついただけますか。）

店員： **Three Burger Meals.　Three colas.**
（バーガー・ミールを3つ。コーラを3つですね。）

For here or to go?
（こちらでお召し上がりですか，お持ち帰りですか？）

ソラ： **To go.**
（持ち帰りです。）

店員： **OK. That's $19.50.**
（かしこまりました。19ドル50セントです。）

重要表現

Can I have three Burger Meals?
（バーガー・ミールを3ついただけますか。）

New Words **単語と語句** アクセントの位置に注意して，声に出して発音しよう。

Burger Meal(s) ［バ～ガァ ミーる(ズ)］图バーガー・ミール〔セットメニューの名〕

☐ cola(s) ［コウらズ)］图コーラ

☐ *For here or to go?* こちらでお召し上がりですか，お持ち帰りですか？

☐ hamburger ［ハンバ～ガァ］图ハンバーガー

☐ cheeseburger ［チーズバ～ガァ］图チーズバーガー

☐ French fries ［ふレンチ ふライズ］图フライドポテト

Step 1 モデル対話を練習して，ペアになって対話をしましょう。

Step 2 ペアになり，モデル対話を参考にして，下のメニューを見ながら，好きなものを注文しましょう。

Burger Meal		
	Hamburger	$3.10
	Cheeseburger	$3.50
	French fries	$2.00
	Drinks	$1.80
	Cola/Coffee/Tea	
$6.50 Cola / Coffee / Tea	Ice cream	$1.70

解答例 ①

A: Can I have a cheeseburger and a cola to go, please?
（チーズバーガーとコーラを持ち帰りでいただけますか。）

B: A cheeseburger and a cola to go. OK. That's five thirty.
（チーズバーガーとコーラをお持ち帰りですね。かしこまりました。5 ドル 30 セントです。）

解答例 ②

A: Can I have French fries and an ice cream for here, please?
（フライドポテトとアイスクリームを店内でいただけますか。）

B: French fries and an ice cream for here. OK. That's three seventy.
（フライドポテトとアイスクリームを店内で，ですね。かしこまりました。3 ドル 70 セントです。）

ほかのメニューを作って対話をしてみよう。

 p.138 Word Box 21

Notes

金額の読み方

$19.50 は「19 ド ル 50 セ ン ト」を表し，nineteen dollars and fifty cents と読みます。nineteen fifty と数字だけを読む場合もあります。

Let's Listen 2 コマーシャル

目標：金額などの情報を聞き取ることができる。

1 ラジオのコマーシャルを聞いて，どの商品のコマーシャルかを選びましょう。

1.(*b*)　2.(*d*)　3.(*a*)　4.(*c*)

＊教科書 p.89 の写真を見て答えましょう。

a.
$\underline{\quad 1 \quad}$

b.
$\underline{\quad 3 \quad}$

c.
$\underline{\quad 9.99 \quad}$

d.
$\underline{\quad 10 \quad}$

2 もう一度コマーシャルを聞いて，それぞれの値段を書きましょう。

発音コーナー② リズム

英語の文には，強く発音される部分と弱く発音される部分があります。
この強弱は英語特有のリズムを作っています。

▶ 次の文を，リズムに注意して読んでみましょう。

1. Enjoy　　　　　　donuts.
2. Enjoy our　　　　donuts.
3. Enjoy our delicious donuts.

動詞，名詞，形容詞などは強めに読まれるよ。● の部分を強めに発音してみよう。

スクリプト

No. 1

The Kids' Special at Sunday Burger. A hamburger, French fries, and a soft drink, all for $3.
（サンデーバーガーのお子様スペシャル。ハンバーガー，フライドポテト，それにソフトドリンクがついて，全部で3ドルです。）

No. 2

Do you like donuts? Try our delicious donuts. Twelve donuts for $10.
（ドーナツはお好きですか。当店のおいしいドーナツを食べてみてください。10ドルでドーナツ12個です。）

No. 3

Come and try our delicious ice cream. Strawberry, chocolate, banana.... You can enjoy various flavors. One scoop for $1.
（おいしいアイスクリームを食べに来てください。イチゴ，チョコレート，バナナ…。いろいろな味をお楽しみいただけます。ひとすくい1ドルです。）

No. 4

Delicious pizza for you and your family. One large pizza for $9.99.
（あなたやご家族のためのおいしいピザです。Lサイズ1枚が9ドル99セントです。）

New Words **単語と語句** アクセントの位置に注意して，声に出して発音しよう。

☐ soft drink [ソーふト ドゥリンク] 图 ソフトドリンク, 清涼飲料水

☐ all [オール] 代 全部, すべて

☐ donut(s) [ドウナット(ツ)] 图 ドーナツ

☐ try [トゥライ] 動 ～を食べてみる

☐ strawberry [ストゥローベリィ] 图 イチゴ

☐ various [ヴェ(ア)リアス] 形 いろいろな

☐ flavor(s) [ふれイヴァ(ズ)] 图 味, フレーバー

☐ scoop [スクープ] 图 ひとすくい

☐ large [らーヂ] 形 大きい

be 動詞の過去形

□「(…は)～でした」と言うときは，be 動詞を過去形にします。

肯定文	▶ am と is は was に，are は were にします。

{ I am thirteen years old now. （私は今13歳です。） 　　　　　[現在形]
{ I **was** twelve years old last year. （私は去年12歳でした。） [過去形]

{ We are thirteen years old now. （私たちは今13歳です） 　　　[現在形]
{ We **were** twelve years old last year. 　　　　　　　　　　[過去形]
　（私たちは去年12歳でした。）

否定文	▶ 否定文は，was [were] の後ろに not を置きます。

Sora **was** 　　　busy today. [肯定文]
（ソラは今日，いそがしかったです。）

Sora **was not** busy today. [否定文]
（ソラは今日，いそがしくありませんでした。）

was [were] + not の短縮形
was not ⟶ wasn't
were not ⟶ weren't

疑問文	▶ 疑問文は，was [were] を主語の前に出します。

The stars **were** beautiful yesterday. 　　　[肯定文]
（昨日は星がきれいでした。）

Were the stars 　　　beautiful yesterday? （↗）[疑問文]
（昨日は星がきれいでしたか。）

—— Yes, they **were**. / No, they **weren't**.
（はい，きれいでした。／いいえ，きれいではありませんでした。）

Let's Try　ペアになって，昨日のことについて会話しましょう。

Speak

例　*A:* Were you busy yesterday?

（昨日あなたはいそがしかったですか。）

B: Yes, I was.

（はい，いそがしかったです。）

A: Were you at home after school yesterday?

（昨日の放課後あなたは家にいましたか。）

B: No, I wasn't. I was in the library.

（いいえ，いませんでした。私は図書館にいました。）

解答例　*A:* Were you busy yesterday?

（昨日あなたはいそがしかったですか。）

B: No, I wasn't.

（いいえ，いそがしくなかったです。）

A: Were you at home after school yesterday?

（昨日の放課後あなたは家にいましたか。）

B: Yes, I was. I watched TV at home.

（はい，いました。私は家でテレビを見ました。）

> 過去形の be 動詞は，was と
> were の 2 つだけです。

Project 2 　友だちにインタビューしよう

 英語新聞の友だち紹介コーナーの記事を読みましょう。

Minami Junior High School Journal　December 1

（見出し）

This is my friend Shiho. （こちらは私の友人のシホです。）

She listens to music every day. （ *b* ）
（彼女は毎日音楽を聞きます。）

Her favorite singer is Yonezu Kenshi. （ *d* ）
（彼女の（いちばん）好きな歌手は米津玄師です。）

She has seven CDs. （ *a* ）
（彼女は CD を7枚持っています。）

Her favorite song is "Lemon." （ *c* ）
（彼女の好きな曲は『Lemon』です。）

She can sing well. （彼女は上手に歌えます。）

---

① 上の記事の2〜5行目の文が，インタビューでのどのような質問の回答を記事にしたものか，
a 〜 *d* から選んで，（　）に書きましょう。

  a. How many CDs do you have?　　　*b.* What do you do in your free time?
    （CD を何枚持っていますか。）　　　　　　（自由な時間には何をしますか。）

  c. What is your favorite song?　　　*d.* Who is your favorite singer?
    （好きな曲は何ですか。）　　　　　　　　（（いちばん）好きな歌手はだれですか。）

② ペアまたはグループで，上の記事にふさわしい見出しを考えて書きましょう。

  解答例　My Friend Shiho （私の友人のシホ）

New Words　**単語と語句** アクセントの位置に注意して，声に出して発音しよう。

- □ junior high school [ヂューニャ ハイ スクーる] 图 中学校
- □ journal [ヂャ〜ヌる] 图 新聞
- □ *listen to* 〜　〜を聞く
- □ **singer** [スィンガァ] 图 歌手
- □ **song** [ソーング] 图 歌
- "Lemon" [れモン] （曲のタイトル）

154

質問例

1 Yes, No で答えられる質問　　　　■答え方

教科書

1. **Are you** a baseball fan?
   （あなたは野球ファンですか。）
   Yes, **I am.** / No, **I'm not.**
   （はい，そうです。/ いいえ，ちがいます。）　(→p.24)

2. **Do you** play *shogi*?
   （あなたは将棋をさしますか。）
   Yes, **I do.** / No, **I don't.**
   （はい，さします。/ いいえ，さしません。）　(→p.38)

3. **Can you** dance?
   （あなたは踊ることができますか。）
   Yes, **I can.** / No, **I can't.**
   （はい，できます。/ いいえ，できません。）　(→p.56)

2 Yes, No で答えられない質問　　　　■答え方

what・who

4. **What** is your favorite food?
   （あなたの(いちばん)好きな食べ物は何ですか。）
   My favorite food is **sushi.**
   （私の(いちばん)好きな食べ物はすしです。）　(→p.30)

5. **What** do you (usually) do in your free time?
   （あなたは自由な時間に(ふつう)何をしますか。）
   I **listen to music.**
   （私は音楽を聞きます。）　(→p.44)

6. **What time** do you (usually) leave home?
   （あなたは(ふつうは)何時に家を出ますか。）
   I leave home **at seven.**
   （私は7時に家を出ます。）

7. **Who** is your favorite singer?
   （あなたの(いちばん)好きな歌手はだれですか。）
   My favorite singer is **Yonezu Kenshi.**
   （私の(いちばん)好きな歌手は米津玄師です。）　(→p.58)

when

8. **When** is your birthday?
   （あなたの誕生日はいつですか。）
   My birthday is **January 23rd.**
   （私の誕生日は1月23日です。）　(→p.74)

9. **When** do you practice the piano?
   （あなたはいつピアノを練習しますか。）
   I practice it **on Saturday morning.**
   （私は土曜日の午前に練習します。）　(→p.74)

where

10. **Where** are you from?
    （あなたはどこの出身ですか。）
    I'm from **the USA.**
    （私はアメリカの出身です。）　(→p.76)

11. **Where** do you live?
    （あなたはどこに住んでいますか。）
    I live in **Hokkaido.**
    （私は北海道に住んでいます。）　(→p.76)

which

12. **Which** bag is yours?
    （どちらのバッグがあなたのですか。）
    The red one.
    （赤いのです。）

13. **Which** do you like, summer or winter?
    （あなたは夏と冬のどちらが好きですか。）
    I like **winter.**
    （私は冬が好きです。）　(→p.82)

why

14. **Why** do you like Anpanman?
    （あなたはなぜアンパンマンが好きなのですか。）
    Because **he is kind.**
    （彼が親切だからです。）　(→p.84)

how

15. **How many** sisters [brothers] do you have?
    （あなたには姉妹[兄弟]が何人いますか。）
    I have **two** sisters [brothers].
    （2人います。）　(→p.48)

16. **How** do you go to school?
    （あなたは学校へどのようにして行きますか。）
    I go to school **by bike.**
    （私は学校へ自転車で行きます。）　(→p.78)

2 友だちや先生の紹介をしましょう。

1 155 ページの質問例を参考にして，友だちにたずねたい質問を，
Questions の欄に書きましょう。

Questions	Answers
例　Are you a baseball fan?	例　Yes.
Are you a sports fan? （あなたはスポーツファンですか。）	Yes, I am. （はい。）
What sports do you like? （あなたはどんなスポーツが好きですか。）	I like basketball. （私はバスケットボールが好きです。）
Do you play basketball? （あなたはバスケットボールをしますか。）	No, I don't. But I watch basketball games. （いいえ，しません。でも私はバスケットボールの試合を 見ます。）
What do you do in your free time? （あなたは自由な時間に何をしますか。）	I listen to music. （私は音楽を聞きます。）
What kind of music do you like? （あなたはどんな種類の音楽が好きですか。）	I like dance music. （私はダンスミュージックが好きです。）
Where are you from? （あなたはどこの出身ですか。）	I'm from Hong Kong. （私は香港の出身です。）
When did you come to Japan? （あなたはいつ日本に来ましたか。）	I came to Japan in August. （私は日本に 8 月に来ました。）
Can you play the piano? （あなたはピアノをひけますか。）	Yes, I can play the piano well. （はい，私は上手にピアノがひけます。）
Do you have any brothers or sisters? （あなたには兄弟か姉妹がいますか。）	Yes, I have a brother. （はい，私には弟が 1 人います。）
What is your favorite food? （あなたの(いちばん)好きな食べ物は何ですか。）	My favorite food is *takoyaki*. （私の(いちばん)好きな食べ物はたこ焼きです。）

2 相手に質問し，Answers の欄に答えをメモしましょう。

3 Answers でメモしたことをもとにして，紹介文を書きましょう。

紹介する人物の名前	This is my friend <u>Misaki</u>. / <u>Misaki</u> is my friend.
本文	She likes basketball. She doesn't play basketball, but she watches basketball games. She listens to music in her free time. She likes dance music.

紹介する人物の名前	This is my friend <u>Mike</u>. / <u>Mike</u> is my friend.
本文	He comes from Hong Kong. He came to Japan in August. He plays the piano well. He has a brother. His favorite food is *takoyaki*.

4 **3**で書いた紹介文を友だちと交換し，感想を伝えましょう。

みんなの紹介文を集めて新聞を作ってみよう。

さらに知りたいことが出てきたら，追加の質問をしよう。

Unit 9 冬休みの思い出

Unit 9 の目標
- □ 過去の出来事について話すことができる。
- □ 過去の出来事についてたずねることができる。
- □ 冬休みの思い出について述べた文章を読んで,内容を理解することができる。

教科書 **94** ページ

Part ① 過去の出来事について話そう。(1)

発音やイントネーションに気をつけて英文を読んでみよう。 → 本文の解説は p.164 にあります。

Get Ready

 エミリーが,冬休みにしたことを発表しています。

① _{アイヴィズィティッド　カナザワ　ウィず　マイ　ふァミリィ}
I visited Kanazawa with my family.

私は家族と金沢を訪れました。

② _{ウィー　アライヴド　アト　アウア　リョカン　ア　チャパニーズスタイる　ホウテる　イン　ずィ　イーヴニング}
We arrived at our *ryokan*, a Japanese-style hotel, in the evening.

私たちは夕方に,日本式のホテルである,旅館に到着しました。

③ _{ざ　ホウテる　スタッふ　ウェるカムド　アス}　④ _{ぜイ　サ〜ヴド　チャパニーズ　ティー　アンド　スウィーツ}
The hotel staff welcomed us.　They served Japanese tea and sweets.

ホテルのスタッフは私たちを歓迎してくれました。彼らは日本茶と和菓子を出してくれました。

⑤ _{アふタア　ざット　ウィー　インチョイド　ざ　ハット　スプリング　イット　ワズ　リらクスィング}
After that, we enjoyed the hot spring.　⑥ It was relaxing.

その後,私たちは温泉を楽しみました。　　　　　それはくつろげました。

> **Q** エミリーは金沢で何を楽しみましたか。　**解答例** 温泉を楽しみました。

 ソラとベル先生の会話を聞いて,ベル先生が週末にしたことに○をつけましょう。
→ 音声の内容は p.167 にあります。

ⓐ 　ⓑ 　c. 　d.

New Words 単語と語句　アクセントの位置に注意して,声に出して発音しよう。

- □ arrive(d) [アライヴ(ド)] 動 到着する
- □ *arrive at ~* ~に到着する,着く
- □ Japanese-style [チャパニーズ スタイる] 形 日本式の
- □ staff [スタッふ] 名 職員,スタッフ
- □ serve(d) [サ〜ヴ(ド)] 動 (飲食物)を出す

- □ hot spring [ハット スプリング] 名 温泉
- □ relaxing [リらクスィング] 形 くつろがせる
- □ stay [ステイ] 動 とどまる
- □ clean [クリーン] 動 ~を掃除する

母音の前の the の発音に注意しよう。　in the evening [ð]

 **Target 24**

① I visit　Kanazawa every year.
　　私は毎年金沢へ行きます。

② I visit**ed** Kanazawa yesterday.
　　私は昨日金沢へ行きました。

- 「～しました」と過去のことを言うときは，動詞に ed または d をつけます。(→ p.231)
- (e)d の発音は動詞によって変化します。
  play　→ play**ed** [d]　　want → want**ed** [id]
  use　→ use**d** [d]　　　help → help**ed** [t]
  study → stud**ied** [d]　watch → watch**ed** [t]

Practice

 例にならって，ふだんのことと昨日のことを言いましょう。

例　Ken usually studies before dinner, but he studied after dinner yesterday.
　　（ケンはふだん夕食の前に勉強しますが，昨日は夕食後に勉強しました。）

(解答例)　1. The restaurant usually opens at ten, but it opened at nine yesterday.
　　　　　（レストランはふだん 10 時に開店しますが，昨日は 9 時に開店しました。）

　　　　2. The boys usually practice soccer after school, but they played baseball yesterday.
　　　　　（少年たちはふだん放課後にサッカーを練習しますが，昨日は野球をしました。）

　　　　3. Ms. Oka usually listens to music after dinner, but she watched TV yesterday.
　　　　　（オカ先生はふだん夕食後に音楽を聞きますが，昨日はテレビを見ました。）

Use

 1 例にならって，昨日したことを，感想も加えて伝え合いましょう。

例　*A:* I played baseball yesterday. It was exciting. How about you?
　　（私は昨日野球をしました。それはわくわくしました。あなたはどうですか。）

　　B: I cooked dinner yesterday. It was good.
　　（私は昨日夕食を作りました。それはおいしかったです。）

→ p.138 Word Box 22

(解答例)　1. *A:* I watched a movie yesterday. It was interesting. How about you?
　　　　　　（私は昨日映画を見ました。それは興味深かったです）

　　　　　B: I walked my dog. It was not bad.
　　　　　　（私はイヌを散歩させました。それは悪くなかったです。）

　　　　2. *A:* I played tennis yesterday. It was exciting. How about you?
　　　　　　（私は昨日テニスをしました。それはわくわくしました。）

　　　　　B: I played the guitar. It was fun.　（私はギターをひきました。それは楽しかったです。）

　　　　3. *A:* I cooked lunch yesterday. It was delicious. How about you?
　　　　　　（私は昨日昼食を作りました。それはおいしかったです。）

　　　　　B: I climbed a mountain yesterday. It was wonderful.
　　　　　　（私は昨日山に登りました。それはすばらしかったです。）

 2 ❶で言ったことを書きましょう。　（解答例省略）

このページの
Tool Box と
New Words は
p.167 にあります。

Part ② 過去の出来事について話そう。(2)

発音やイントネーションに気をつけて英文を読んでみよう。→ 本文の解説は p.165 にあります。

Get Ready

 エミリーの発表が続きます。

ウィー ウェント トゥ ケンロクエン ガードゥン
① We went to Kenrokuen Garden.
私たちは兼六園へ行きました。

スノウ カヴァド ざ ガードゥン
② Snow covered the garden.
雪が庭園をおおっていました。

イット ワズ ヴェリィ ビューティふる
③ It was very beautiful.
それはとても美しかったです。

ぜン ウィー エイト スシ アト ア カイテンズシ レストラント
④ Then, we ate sushi at a *kaitenzushi* restaurant.
それから私たちは回転ずしの店ですしを食べました。

イット ワズ ヴェリィ ディりシャス
⑤ It was very delicious.
それはとてもおいしかったです。

ウィー ハッド ア ヴェリィ グッド タイム
⑥ We had a very good time.
私たちはとても楽しい時を過ごしました。

Q エミリーは金沢で何を食べましたか。　解答例　すしを食べました。

アオイが昨日の日記を読んでいます。出来事が起こった順に番号をつけましょう。
→ 音声の内容は p.168 にあります。

a. (4)　　*b.* (2)　　*c.* (3)　　*d.* (1)

New Words　単語と語句　アクセントの位置に注意して，声に出して発音しよう。

- [ ] went [ウェント] 動 go の過去形
- [ ] gárden [ガードゥン] 名 庭
- [ ] snow [スノウ] 名 雪
- [ ] cóver(ed) [カヴァ(ド)] 動 ～をおおう
- [ ] ate [エイト] 動 eat の過去形
- [ ] had [ハッド] 動 have の過去形
- [ ] have a good time　楽しく過ごす
- [ ] bírthday [バ～すデイ] 名 誕生日
- [ ] bought [ボート] 動 buy の過去形
  - [ ] buy [バイ] 動 ～を買う
- [ ] afternóon [アふタヌーン] 名 午後
- [ ] made [メイド] 動 make の過去形

v と b の発音のちがいに注意しよう。　cover, very [v] / beautiful [b]

 **Target 25**

① I go　to Kenrokuen Garden every Sunday.
私は毎週日曜日に兼六園へ行きます。

② I **went** to Kenrokuen Garden last Sunday.
私は先週の日曜日に兼六園へ行きました。

● 過去のことを言うとき，動詞が不規則に変化する場合もあります。(→ p.231)
go → **went**
come → **came**
see → **saw**
do → **did**
meet → **met**
read → **read** [red]
（発音に注意）

Practice

 例にならって，出来事を時間の流れに沿って言いましょう。

例　Ken got up at seven. Then, he washed his face.
（ケンは 7 時に起きました。それから，彼は顔を洗いました。）

例　Ken / get up at seven / Then / wash his face　（ケン／ 7 時に起きる／それから／顔を洗う）

(解答例)　1. Saki did her homework. Then, she read a book.
（サキは宿題をしました。それから，彼女は本を読みました。）

2. They saw a movie. After that, they ate lunch.
（彼らは映画を見ました。その後，彼らは昼食を食べました。）

3. Naoto and Ami met at school. Ten years later, they got married.
（ナオトとアミは学校で出会いました。10 年後，彼らは結婚しました。）

Use

 1 例にならって，自分が行った場所と，そこでしたことを言いましょう。

例　I went to an amusement park with my friends last Sunday.
（私は先週の日曜日に友だちと遊園地に行きました。）

We rode a roller coaster. Then, we watched the parade.
（私たちはジェットコースターに乗りました。それから，パレードを見ました。）

→ p.138 Word Box 23

(解答例)　I went to the stadium with my father last Sunday.
（私は先週の日曜日に父とスタジアムへ行きました。）

We watched a soccer game there. Then, we ate hot dogs.
（私たちはそこでサッカーの試合を見ました。それから，私たちはホットドッグを食べました。）

 2 ❶で言ったことを書きましょう。

(解答例)　I went to the stadium with my father last Sunday.
We watched a soccer game there. Then, we ate hot dogs.

このページの **New Words** は p.168 にあります。

Part 3 過去の出来事についてたずねよう。

発音やイントネーションに気をつけて英文を読んでみよう。→ 本文の解説は p.166 にあります。

Get Ready

 エミリーの発表のあとで，ソラがエミリーに質問しています。

Sora: ディッド ユー ヴィズィット ざ トゥ**ウェ**ンティふ**ァ**〜スト **セ**ンチュリィ ミュ(ー)**ズ**ィーアム
① Did you visit the 21st Century Museum?
ソラ： あなたたちは 21 世紀美術館には行きましたか。

Emily: ノウ ウィー ディドゥント　　ウィー ディドゥント ハヴ マッチ タイム
② No, we didn't.　③ We didn't have much time.
エミリー： いいえ，行きませんでした。　あまり時間がなかったのです。

バット ウィー イン**チョ**イド シャ**ピ**ング アト カナザワ **ス**テイション
④ But we enjoyed shopping at Kanazawa Station.
でも私たちは金沢駅で買い物を楽しみました。

イッツ ア ビューティふる ステイション
⑤ It's a beautiful station.
それは美しい駅です。

Sora: アイ ワント トゥ **ゴ**ウ トゥ カナザワ
⑥ I want to go to Kanazawa.
ソラ： ぼくは金沢へ行きたいです。

Q エミリーは金沢駅で何を楽しみましたか。　　解答例　買い物を楽しみました。

 アオイとチェンの会話を聞いて，チェンが冬休みにしたことには○を，しなかったことには×をつけましょう。→ 音声の内容は p.169 にあります。

a. (×)　**b.** (○)　**c.** (○)　**d.** (×)

New Words　単語と語句　アクセントの位置に注意して，声に出して発音しよう。

☐ century [**セ**ンチュリィ] 图 世紀
☐ museum [ミュ(ー)**ズ**ィーアム] 图 博物館, 美術館
　21st Century Museum (of Contemporary Art, Kanazawa)
　[トゥ**ウェ**ンティふ**ァ**〜スト **セ**ンチュリィ ミュ(ー)**ズ**ィーアム] 图 金沢21世紀美術館
　didn't [**デ**ィドゥント] did not の短縮形
☐ fresh [ふ**レ**ッシ] 形 新鮮な
☐ seafood [**ス**ィーふード] 图 シーフード, 海産物

 つながって変化する音に注意しよう。　Did you visit the 21st Century Museum?

✔ Target 26

① We visited the museum.
　　私たちは美術館へ行きました。

② **Did** you　visit　the museum?
　あなたたちは美術館へ行きましたか。

③ ——Yes, we **did**. / No, we **did not**.
　　はい，行きました。 ／ いいえ，行きませんでした。

④ We **did not** visit　the museum.　私たちは美術館へ行きませんでした。

- 過去のことをたずねる疑問文は，主語の前に did を置きます。
- 否定文は，動詞の前に did not を置きます。
- did not → didn't

Practice

例にならって，昨日したことについてたずね合いましょう。

例　A: Did you watch TV yesterday?（あなたは昨日テレビを見ましたか。）
　　B: Yes, I did. / No, I didn't.（はい，見ました。 ／ いいえ，見ませんでした。）（自分について答える）

例　watch TV（テレビを見る）

解答例　1. A: Did you play video games yesterday?（あなたは昨日テレビゲームをしましたか。）
　　　　　B: Yes, I did. / No, I didn't.（はい，しました。 ／ いいえ，しませんでした。）

　　　2. A: Did you eat curry and rice yesterday?（あなたは昨日カレーライスを食べましたか。）
　　　　　B: Yes, I did. / No, I didn't.（はい，食べました。 ／ いいえ，食べませんでした。）

　　　3. A: Did you do your homework yesterday?（あなたは昨日宿題をしましたか。）
　　　　　B: Yes, I did. / No, I didn't.（はい，しました。 ／ いいえ，しませんでした。）

　　　4. A: Did you read a book yesterday?（あなたは昨日本を読みましたか。）
　　　　　B: Yes, I did. / No, I didn't.（はい，読みました。 ／ いいえ，読みませんでした。）

Use

このページの　**New Words**　は p.169 にあります。

 ❶ 例にならって，Practice の中から，昨日しなかったことを言いましょう。

例　I **didn't watch TV** yesterday.（昨日私はテレビを見ませんでした。）

解答例　I didn't play video games yesterday.（昨日私はテレビゲームをしませんでした。）
　　　　I didn't eat curry and rice yesterday.（昨日私はカレーライスを食べませんでした。）
　　　　I didn't do my homework yesterday.（昨日私は宿題をしませんでした。）
　　　　I didn't read a book yesterday.（昨日私は本を読みませんでした。）

 ❷ 例にならって，❶で言ったことを，情報を加えて書きましょう。

例　I didn't watch TV yesterday. I read a book.（私は本を読みました。）

解答例　I didn't play video games yesterday. I played soccer.（私はサッカーをしました。）
　　　　I didn't eat curry and rice yesterday. I ate spaghetti.（私はスパゲッティを食べました。）
　　　　I didn't do my homework yesterday. I played video games.（テレビゲームをしました。）
　　　　I didn't read a book yesterday. I watched TV.（私はテレビを見ました。）

本文の解説

過去の出来事について話そう。(1)

Target 24
① I visit Kanazawa every year. （私は毎年金沢へ行きます。）
② I visit**ed** Kanazawa yesterday. （私は昨日金沢へ行きました。）

・過去のことを言うときは，動詞を「過去形」に変化させて表します。
　多くの動詞では，元の形（＝原形）に ed または d をつけて「過去形」を作ります。これを「動詞の規則変化」と言います。

・規則変化の作り方には次のようなものがあります（→ p.231）。
　1) 原形にそのまま -ed をつける。(visit → visit**ed**　play → play**ed**)
　2) 原形が e で終わっている → -d をつける。(use → use**d**)
　3) 原形の語末の子音を重ねて -ed をつける。(stop → stop**ped**)
　4) 原形が子音字＋y で終わっている → y を i に変えて -ed をつける。
　　　(stud**y** → stud**ied**)

・-(e)d の**発音**は原形の語末によって異なります。

play**ed** [d]（プレイ<u>イド</u>）　　want**ed** [id]（ワン<u>ティッド</u>）　　us**ed** [d]（ユー<u>ズド</u>）
help**ed** [t]（へる<u>プト</u>）　　stud**ied** [d]（スタ<u>ディド</u>）　　watch**ed** [t]（ワッ<u>チト</u>）

① **I visited Kanazawa with my family.**
visited は動詞 **visit の過去形**です。「〜を訪れる，〜へ行く」という意味です。

----

② **We arrived at our *ryokan*, a Japanese-style hotel, in the evening.**
arrived は **arrive の過去形**です。arrive at 〜は「〜に到着する」を表す熟語です。コンマにはさまれた a Japanese-style hotel は *ryokan* を説明しています。in the evening は「夕方に」です。

----

③ **The hotel staff welcomed us.**
staff は「ある場所で働いている人々」をひとまとめに言う語で，単数形・複数形の両方に使います。**welcomed** は **welcome の過去形**です。

----

④ **They served Japanese tea and sweets.**
they は the hotel staff をさします。serve は「(飲食物)を出す」の意味です。

----

⑤ **After that, we enjoyed the hot spring.**
that は文④の内容をさしています。**enjoyed** は **enjoy の過去形**です。

----

⑥ **It was relaxing.**
形容詞 relaxing は「くつろがせる」という意味を表します。

Target 25　① I go　to Kenrokuen Garden every Sunday.

（私は毎週日曜日に兼六園へ行きます。）

② I **went** to Kenrokuen Garden last Sunday.

（私は先週の日曜日に兼六園へ行きました。）

②過去形を作るとき，-ed や -d をつけずに，不規則に変化する動詞もあります。

わからないときには p.231 を見て確かめましょう。

go	→ **went**	see	→ **saw**
（ゴウ	→ ウェント)	（スィー	→ ソー）
do	→ **did**	meet	→ **met**
（ドゥー	→ ディッド)	（ミート	→ メット）
read	→ **read**		

（リード → レッド [red] と読み方だけが変わります）

本文の解説

教科書 **96** ページ

---

① **We went to Kenrokuen Garden.**

went は **go の過去形**です。「〜へ」は前置詞 to で表します。

---

③ **It was very beautiful.**

文頭の it は文②の the garden をさしています。**was** は **is の過去形**です。

---

④ **Then, we ate sushi at a *kaitenzushi* restaurant.**

文頭の then は「それから」と，次に何をしたかを示す副詞です。**ate** は **eat の過去形**です。

---

⑥ **We had a very good time.**

had は **have の過去形**です。**have a good time** は「**楽しく過ごす，楽しい時を過ごす**」という意味の熟語です。very が入り，強めているので「とても楽しく過ごした」となります。

Target 26

① We 　　　　visited the museum.
（私たちは美術館へ行きました。）

② **Did** you 　　visit 　the museum?
（あなたたちは美術館へ行きましたか。）

③ ——Yes, we **did.** / No, we **did not.**

（はい，行きました。／ いいえ，行きませんでした。）

④ We **did not** visit 　the museum.
（私たちは美術館へ行きませんでした。）

②過去のことをたずねる疑問文は，主語の前に did を置きます。これは現在のことをたずね
る際に主語の前に do を置くのと同じです。do の過去形 did を置くことで，過去のことを表
します。不規則変化動詞の疑問でも，同じように Did でたずねます。
Did you go to Kanazawa yesterday? （あなたは昨日金沢へ行きましたか。）
——Yes, I did. / No, I didn't. （はい，行きました。／ いいえ，行きませんでした。）
③④否定文は，動詞の前に did not ［⇒短縮形 didn't］ を置きます。これも現在のことを表
す文で，do not ［⇒ don't］ を置くのと同じです。

　　　　　　　　　　　　　　　　　　　　教科書 **98** ページ

① **Did you visit the 21st Century Museum?**
過去のことをたずねている文です。You visit**ed** 〜 . → **Did** you visit 〜？の変化に注意しましょう。21st は
twenty-first と読みます。

- -

② **No, we didn't.**
文①の質問に対する答えです。**did** を使った質問への否定の返事なので **didn't** と答えています。

- -

③ **We didn't have much time.**
文②の続きで過去のことなので，ここも **didn't** を用いています。not have much time は「多くの時間を持っ
ていない」⇒「あまり時間がない」です。

- -

④ **But we enjoyed shopping at Kanazawa Station.**
enjoyed は enjoy の過去形で，この動詞は規則変化です。

- -

⑥ **I want to go to Kanazawa.**
want to 〜は「〜したい」という意味です。to の直後には動詞の原形が入ります。この文では「〜」に入る
のは go to Kanazawa なので，ソラは「金沢に行きたい」と言っています。

Unit 9

Part 1 の音声内容

→ 解答は p.158 にあります。

 音声の内容は次の通りです。下線部に注意して，ベル先生が週末にしたことに○をつけましょう。

Sora: How was your weekend, Ms. Bell?

ソラ： ベル先生，週末はいかがでしたか。

Ms. Bell: It was great. On Saturday I <u>went shopping</u> with my friend Yuki.

ベル先生： すばらしかったです。土曜日は友だちのユキとショッピングに行きました。

Then on Sunday I stayed at home. I just <u>cleaned my room</u>.

それから日曜日は家にいました。自分の部屋をちょっと掃除しました。

p.159 の **Tool Box**

感想を表す表現
- beautiful 美しい ・cool かっこいい ・cute かわいい
- exciting 興奮する ・interesting 興味深い ・wonderful すばらしい
- delicious おいしい ・fun 楽しい

p.159 の **New Words**

New Words **単語と語句** アクセントの位置に注意して，声に出して発音しよう。 教科書 **95** ページ

□ yésterday［イェスタデイ］副 昨日(は)，名 昨日   □ *listen to* ~ ~を聞く
□ listen［リスン］動 聞く

Part 2 ▶ の音声内容

→ 解答は p.160 にあります。

 音声の内容は次の通りです。下線部に注意して，出来事が起こった順に番号をつけましょう。

Yesterday was my mother's birthday.

（昨日は母の誕生日でした。）

I went to a <u>flower shop</u> and bought some flowers for her.

（私は花屋に行って彼女に花を買いました。）

In the <u>afternoon</u>, I <u>made</u> a birthday cake.

（午後に，私はバースデーケーキを作りました。）

We had dinner at seven, and after that we ate the cake.

（私たちは7時に夕食をとり，そのあとケーキを食べました。）

p.161 の **New Words**

New Words **単語と語句** アクセントの位置に注意して，声に出して発音しよう。 教科書 **97** ページ

- [ ] got [ガット] 動 get の過去形
- [ ] láter [れイタァ] 副 あとで，のちに
- [ ] ~ *year(s) later* ~年後に
- [ ] márried [マリッド] 形 結婚している
- [ ] get married 結婚する

- [ ] amúsement park [アミューズメント パーク] 图 遊園地
- [ ] rode [ロウド] 動 ride の過去形
- [ ] ride [ライド] 動 ~に乗る
- [ ] róller coaster [ロウらァ コウスタァ] 图 ジェットコースター
- [ ] paráde [パレイド] 图 パレード

Part 3 の音声内容

→ 解答は p.162 にあります。

 音声の内容は次の通りです。下線部に注意して，チェンが冬休みにしたことには○を，しなかったことには×をつけましょう。

Chen: I went to <u>Hokkaido</u>.
チェン： ぼくは北海道に行きました。

Aoi: Great! <u>Did you go skiing?</u>
アオイ： いいですね！ あなたはスキーに行きましたか。

Chen: <u>No, I didn't.</u> I went to <u>a hot spring</u>.
チェン： いいえ，行きませんでした。ぼくは温泉へ行きました。

Aoi: Did you eat fresh seafood and *ramen*?
アオイ： あなたは新鮮な海産物やラーメンを食べましたか。

Chen: I <u>ate fresh seafood</u>, <u>but I didn't eat *ramen*</u>.
チェン： 新鮮な海産物を食べましたが，ラーメンは食べませんでした。

p.163 の **New Words**

New Words **単語と語句** アクセントの位置に注意して，声に出して発音しよう。 教科書 **99** ページ

☐ video game(s) [ヴィディオウ ゲイム(ズ)] 图テレビゲーム ☐ curry [カ〜リィ] 图カレー

Read & Think 冬休みの思い出について述べた文章を読んで、内容を理解しよう。

→ 本文の解説は p.172 にあります。

Read ベル先生が、ニューヨーク旅行の思い出について話しています。

My Trip to New York （ニューヨークへの旅）

1 ① I went to New York in December. ② My sister lives there, so I stayed
私は12月にニューヨークに行きました。　　　　私の姉がそこに住んでいるので、私は彼女の

at her apartment.
アパートに滞在しました。

2 ③ I visited Rockefeller Center and saw the beautiful Christmas tree.
私はロックフェラーセンターを訪れて美しいクリスマスツリーを見ました。

④ Workers cut down a large tree and bring it there every year. ⑤ I didn't
毎年、作業員たちが大きな木を切り倒してそこにそれを持ってきます。　　　　私はその

know that.
ことを知りませんでした。

3 ⑥ I also went to Times Square and took pictures. ⑦ I bought some
私はまたタイムズスクエアにも行き、写真をとりました。　　　　私はそこにあるお店

souvenirs for my friends at the shops there.
で私の友だちにいくつかのみやげを買いました。

ロックフェラーセンター
ニューヨーク市の中心にある高層ビル地域。巨大クリ
スマスツリーは有名で、その点灯式はアメリカ全土に
中継（ちゅうけい）されます。

タイムズスクエア
ニューヨーク市にあるブロードウェイと7番街との交
差点を中心とした繁華街（はんかがい）。12月31日から1月1日に
かけてのカウントダウンが世界的に有名です。

4 ⑧I enjoyed the food, too.　⑨My sister and I went to a popular cafe and
私は食べ物も楽しみました。　　私の姉と私は人気のあるカフェへ行き, パンケーキを食べ

had pancakes.　⑩We also went to a restaurant for dinner.　⑪We ate
ました。　　　　　私たちはまた夕食にレストランへも行きました。　　　　私たちは

T-bone steaks.　　⑫They were really good.
Tボーンステーキを食べました。　それらは本当においしかったです。

5 ⑬I had a great time in New York!
私はニューヨークですばらしい時間を過ごしました！

(104 words)

New Words　**単語と語句**　アクセントの位置に注意して, 声に出して発音しよう。

New York [ニュー ヨーク] 图ニューヨーク　　　　　　　　　教科書 **100** ページ
- so [ソウ] 接それで, だから
- apartment [アパートメント] 图アパート
- center [センタァ] 图センター, 中心施設
  Rockefeller Center [ラ(ー)ッケふェらァ センタァ] 图ロックフェラーセンター
- Christmas [クリスマス] 图クリスマス
- tree [トゥリー] 图木
- worker(s) [ワ〜カァ(ズ)] 图作業員
- cut down ～　～を切り倒す
- large [らーヂ] 形大きい
  Times Square [タイムズ スクウェア] 图タイムズスクエア
- took [トゥック] 動 take の過去形

- cafe [キャふェイ] 图カフェ, 軽食堂　　　　　　　　　　　教科書 **101** ページ
- pancake(s) [パンケイク(ス)] 图パンケーキ
- T-bone steak(s) [ティーボウン ステイク] 图 Tボーンステーキ〔T字形の骨のついたステーキ〕

Understanding

1 本文の内容に合うものには○を，合わないものには×を（　　）に書きましょう。

(1) Ms. Bell visited New Zealand in December. (×)
（ベル先生は 12 月にニュージーランドを訪れました。）

(2) Ms. Bell enjoyed her trip. (○)
（ベル先生は彼女の旅を楽しみました。）

2 ベル先生が行った場所と，そこでしたことを線で結びましょう。

Rockefeller Center
（ロックフェラーセンター）

Times Square
（タイムズスクエア）

a cafe
（カフェ）

a restaurant
（レストラン）

had pancakes
（パンケーキを食べた）

ate T-bone steaks
（T ボーンステーキを食べた）

bought some souvenirs
（いくつかみやげを買った）

saw the Christmas tree
（クリスマスツリーを見た）

3 ベル先生の話を聞いて，あなたが行ってみたいと思った場所はどこですか。

私はカフェに行ってみたいと思いました。私はパンケーキがとても好きだからです。

本文の解説

教科書 **100** ～ **101** ページ

① **I went to New York in December.**
went は go「行く」の**過去形**です。過去のことを言うとき，ed や d をつけずに**不規則に変化する**動詞があります。覚えておきましょう。New York は「ニューヨーク」という地名です。

------

② **My sister lives there, so I stayed at her apartment.**
stayed は stay の**過去形**です。「～しました」と過去のことを言うとき，動詞に **ed** や **d** をつけます。発音はステイドです。so は「だから」を表す接続詞で，前後の文と文を結んでいます。

------

⑤ **I didn't know that.**
過去のことについて「～しませんでした」と言うときは，動詞の前に **didn't [did not]** を置きます。didn't know は「知りませんでした」という意味です。that は「そのこと」という意味で，前文の「毎年，作業員たちが大きな木を切り倒してそこにそれを持ってきます。」という内容をさしています。

------

⑬ **I had a great time in New York!**
had は**不規則動詞** have の**過去形**です。had a great time は「すばらしい時間を過ごした」という意味です。

watch という語を引いてみましょう。

単語の探し方

1. watch のはじめの文字 (W) を辞書の側面から探し，開きます。
   ※語はアルファベット順に並んでいます。
2. W の範囲から，2 文字目 (a) を入れた wa ではじまる語の範囲を探します。
3. 次に 3 文字目を含む wat，そして watc と順に探していき，watch を見つけます。

意味や用法の調べ方

Ⓐ 見出し語
動詞は原形で，名詞は単数形で掲載されています。

Ⓑ 発音
発音の仕方を発音記号で示しています。

Ⓒ 品詞

動 動詞	名 名詞
代 代名詞	形 形容詞
副 副詞	助 助動詞

Ⓓ 意味
watch には動詞と名詞の意味があります。訳語が複数ある場合は，文の内容に合う訳語を選びましょう。
Ⓒ 数えられる名詞
Ⓤ 数えられない名詞

Ⓔ 用例
語の使い方の例をいくつか紹介しています。

Ⓐ Ⓑ

watch /wátʃ, wɔ́ːtʃ/

Ⓒ 動 (watches/-iz/; watched/-t/; watching) Ⓓ

―他 ①（人・物・事）をじっと見ている，注意して見る《動く・変化するものを見るときに用いる》
watch a baseball game on TV テレビで野球の試合を見る Ⓔ
②…を見張る，監視する
Can you **watch** my bag? バッグを見ていてもらえますか？
③…に注意する，用心する《くだけた言い方で用いる》
Watch your step. 足元に注意して。

▶ watch, look, see のちがい
watch は動いているものをじっくりと見る，look は意識して目を向ける，see は見える，（自然に）目に入るといったちがいがあります。

W

Ⓒ 名 (複 watches/-iz/)
①Ⓒ（携帯用の）時計，腕時計 Ⓓ
What time is it by your **watch**? あなたの時計では今何時ですか？ Ⓔ
②Ⓒ Ⓤ 見張り，警戒，用心
be under **watch** 監視［保護］されている
③Ⓒ 警備員
④Ⓒ Ⓤ 見張り時間，警備時間

Let's Talk 8 なんてすてきなの

目標：感動や驚きを表すことができる。

モデル対話　アオイは，エミリーの誕生パーティーに来ています。

アオイ：　Happy birthday!
（お誕生日おめでとう。）

Here's a present for you.
（これはあなたへのプレゼントです。）

エミリー：　Thanks! Can I open it?
（ありがとう。それを開けてもいいですか。）

アオイ：　Sure.
（もちろんです。）

エミリー：　Wow. What a beautiful towel!
（わあ。　なんてきれいなタオルでしょう。）

Thank you very much.
（どうもありがとう。）

アオイ：　You're welcome.
（どういたしまして。）

Tool Box

- beautiful　美しい
- cool　かっこいい
- wonderful　すてきな
- cute　かわいい
- pretty　きれいな

重要表現

What a beautiful towel!
（なんてきれいなタオルでしょう。）

How beautiful!
（なんてきれいなのでしょう。）

New Words　**単語と語句**　アクセントの位置に注意して，声に出して発音しよう。

- □ **háppy** [ハピィ] 形 うれしい, 幸せな
- □ *Happy birthday!*　誕生日おめでとう。
- □ *Here's ～.*　ここに～があります。
- □ **présent** [プレズント] 图 プレゼント
- □ **tówel** [タウ(エ)る] 图 タオル
- □ mug [マッグ] 图 マグカップ
- □ mechanical pénci [メキャニクる ペンスる] 图 シャープペンシル

174

Step 1 モデル対話を練習して，ペアになって対話をしましょう。

Step 2 ペアになり，モデル対話を参考にして，次のプレゼントをもらったときの対話をしましょう。

1. mug　　2. key ring　　3. mechanical pencil

自由にプレゼントを考えて，対話をしてみよう。

→ p.139 Word Box 24

解答例　1の場合

A: Can I open it?
（それを開けてもいいですか。）

B: Sure.
（もちろんです。）

A: What a pretty mug!　Thank you.
（なんてきれいなマグカップでしょう。ありがとう。）

B: You're welcome.
（どういたしまして。）

解答例　2の場合

A: What's the present?
（プレゼントは何ですか。）

B: You can open it.
（それを開けていいですよ。）

A: What a cute key ring!　Thank you very much.
（なんてかわいいキーホルダーでしょう。どうもありがとう。）

解答例　3の場合

A: Oh, thanks.　Can I open it?
（わあ，ありがとう。それを開けてもいいですか。）

B: Sure.
（もちろんです。）

A: What a cool mechanical pencil!　Thank you very much.
（なんてかっこいいシャープペンシルでしょう。どうもありがとう。）

一般動詞の過去形

□ 「(…)は～しました」と過去のことを言うときは，動詞を過去形にします。

肯定文	▶ 動詞に ed または d をつけます。 We play baseball every week. （私たちは毎週野球をします。）　[現在形] We play**ed** baseball yesterday. （私たちは昨日野球をしました。）　[過去形]
否定文	▶ 動詞の前に did not（短縮形は didn't）を置きます。動詞は原形になります。 Emily enjoy**ed** shopping yesterday.　[肯定文] （エミリーは昨日ショッピングを楽しみました。） Emily **did not** enjoy shopping yesterday.　[否定文] （エミリーは昨日ショッピングを楽しみませんでした。）
疑問文	▶ did を主語の前に置き，文末にクエスチョンマークをつけます。動詞は原形になります。 You **cooked** lunch last week.　[肯定文] （あなたは先週昼食を作りました。） **Did** you **cook** lunch last week?　（♪）[疑問文] （あなたは先週昼食を作りましたか。） —— Yes, I **did**. / No, I **didn't**. （はい，作りました。／いいえ，作りませんでした。）

▶ **規則動詞と不規則動詞**

動詞には，play → played のように ed や d をつけて過去形にするもの（規則動詞）と，go → went や come → came のように不規則に変化するもの（不規則動詞）があります。

(⇒ p.231 ④⑤動詞の過去形)

Let's Try ペアになって，先週の日曜日にしたことについて会話しましょう。

Speak

例 *A:* What did you do last Sunday?
   （先週の日曜日にあなたは何をしましたか。）

   B: I played basketball.
   （私はバスケットボールをしました。）

   A: Did you play basketball in the school gym?
   （あなたはバスケットボールを学校の体育館でしたのですか。）

   B: No, I didn't. I played in the park.
   （いいえ，ちがいます。私は公園でしました。）

解答例 *A:* What did you do last Sunday?
      （先週の日曜日にあなたは何をしましたか。）

      B: I practiced dance.
      （私はダンスを練習しました。）

      A: Did you practice at home?
      （あなたは家で練習したのですか。）

      B: No, I didn't. I did it at the dance club at our school.
      （いいえ，ちがいます。私は学校のダンス部でそれをしました。）

疑問文や否定文では，動詞は原形にすることに注意しましょう。

Unit 10 日本のマンガ文化

Unit 10 の目標
- ☐ 今していることについて話すことができる。
- ☐ 今していることについてたずねることができる。
- ☐ 今，何をしているのかをたずねることができる。
- ☐ 日本のマンガ文化について述べた文章を読んで，内容を理解することができる。

Part ① 今していることについて話そう。

発音やイントネーションに気をつけて英文を読んでみよう。→ 本文の解説は p.184 にあります。

Get Ready

 町の図書館で，チェンはアオイに話しかけます。

Chen:
ハイ アオイ　アイム るッキング ふォ チャパニーズ カミック ブックス マンガ
① Hi, Aoi. ② I'm looking for Japanese comic books, manga.

チェン：やあ，アオイ。ぼくは日本のマンガ本を探しています。

（フ）ウェア アー ぜイ
③ Where are they?

どこにあるのでしょうか。

Aoi:
ハイ チェン　ぜイア オウヴァ ぜア　ドゥー ユー らイク マンガ
④ Hi, Chen. ⑤ They're over there. ⑥ Do you like manga?

アオイ：あら，チェン。　それらは向こうにあります。　あなたはマンガが好きなのですか。

Chen:
イェス アイドゥー　ぜイア パ(ー)ピュらァ イン スィンガポー
⑦ Yes, I do. ⑧ They're popular in Singapore.

チェン：はい，そうです。　それらはシンガポールで人気があります。

Notes

日本のアニメ・マンガ

日本のアニメ・マンガは世界に広がっており，sushi と同じように，anime, manga という単語がそのまま英語として使用されています。

Q シンガポールで何が人気がありますか。　（解答例）日本のマンガです。

 説明を聞いて，それぞれの人が何をしているか選びましょう。
→ 音声の内容は p.187 にあります。

1. Aoi (d)　2. Chen (a)　3. Emily (c)

a.

b.

c.

d.

New Words　**単語と語句**　アクセントの位置に注意して，声に出して発音しよう。

☐ *look for* ～　～を探す　　☐ *over there*　向こうに

☐ **over** [オウヴァ] 副〔次の連語で〕

ng の発音のちがいに注意しよう。　looki<u>ng</u> [ŋ] / fi<u>ng</u>er [ŋg]

✔ Target 27

① I   look   for Japanese comic books.
私は日本のマンガ本を探します。

② I **am** look**ing** for Japanese comic books.
私は日本のマンガ本を探しています。

- 「(今)〜しています」という，現在進行中の動作は，「am [are, is] ＋動詞の ing 形」で表します。(現在進行形)
- 動詞の ing 形の作り方 → p.231

Practice

Speak

例にならって，1 〜 4 の人が今していることを言いましょう。

＊教科書 p.105 の絵を見て答えましょう。

例　Ken is riding a bike.（ケンは自転車に乗っています。）

例　Ken / ride a bike（ケン／自転車に乗る）

1. Saki is painting a picture.（サキは絵をかいています。）
2. Mr. Yamada is listening to music.（ヤマダさんは音楽を聞いています。）
3. Ms. Oka is talking on the phone.（オカ先生は電話で話しています。）
4. Hana and Mayu are playing badminton.（ハナとマユはバドミントンをしています。）

Tool Box

- water　水をまく
- walk　歩く，（犬などを）散歩させる
- jog　ジョギングする
- eat　食べる
- sell　売る
- buy　買う

Use

Speak

❶　例にならって，自分の知っている人が何をしているところを撮影した写真か説明しましょう。

例　This is my father. He is cleaning the room.（これは私の父です。彼は部屋を掃除しています。）

解答例　1. This is my sister. She is watering the garden.
（これは私の姉です。彼女は庭に水をまいています。）
　　　2. This is my mother. She is jogging in the park.
（これは私の母です。彼女は公園でジョギングしています。）
　　　3. This is my brother. He is walking our dog.
（これは私の弟です。彼はイヌを散歩させています。）

Write

❷　例にならって，❶で言ったことを，情報を加えて書きましょう。

例　This is my father. He is cleaning the room. He cleans every day.（彼は毎日掃除します。）

解答例　1. This is my sister. She is watering the garden. She waters in the evening.
（彼女は夕方に水をまきます。）
　　　2. This is my mother. She is jogging in the park. She jogs on Sunday.
（彼女は日曜日にジョギングします。）
　　　3. This is my brother. He is walking our dog. They walk every morning.
（彼らは毎朝散歩します。）

New Words　**単語と語句**　アクセントの位置に注意して，声に出して発音しよう。

☐ **paint** [ペイント] 動 (絵など)をかく，〜をぬる　　☐ **talk** [トーク] 動 話す

Part ② 今していることについてたずねよう。

発音やイントネーションに気をつけて英文を読んでみよう。→ 本文の解説は p.185 にあります。

Get Ready

 チェンとアオイは，図書館で鳥獣戯画（ちょうじゅうぎが）を見ています。

Aoi: ① るック　アト　ずィス　オうるド　ピクチャ
Look at this old picture.

アオイ：　この古い絵を見て。

Chen: ② アイ スィー ア ラビット　アンド　サム　ふラ(ー)ッグズ
I see a rabbit and some frogs.　③ アー　ぜイ　ダンスィング
Are they dancing?

チェン：　ウサギと何匹（びき）かのカエルが見えます。　　それらは踊っているのですか。

Aoi: ④ ノウ　ぜイ　アーント　⑤ ぜイ　アー　レスりング
No, they aren't.　They are wrestling.

アオイ：　いいえ，ちがいます。　　それらは相撲をとっているのです。

Chen: ⑥ アイ スィー　⑦ アー　ずィーズ ふラ(ー)ッグズ　らフィング
I see.　Are these frogs laughing?

チェン：　そうですか。　これらのカエルは笑っているのですか。

Aoi: ⑧ イェス　ぜイ　アー
Yes, they are.

アオイ：　はい，そうです。

Chen: ⑨ ぜイ　アー　ヴェリィ　ふァニィ
They are very funny.

チェン：　それらはとてもおもしろいですね。

 Q ウサギとカエルは何をしていますか。　　解答例　相撲をとっています。

 エミリーとお母さんの会話を聞いて，ネコのペッパーとミントが何をしているか選びましょう。
→ 音声の内容は p.188 にあります。

1. Pepper （ **a** ）　　**a.** 　　**b.** 　　**c.** 　　**d.**
2. Mint （ **d** ）

New Words　単語と語句　アクセントの位置に注意して，声に出して発音しよう。

☐ **old** ［オウるド］厖 古い

☐ **wrestle**(wrestling) ［レスる(レスりング)］動 レスリングする，相撲をとる

☐ *I see.*　なるほど。

☐ **laugh**(ing) ［らふ(ィング)］動 笑う

☐ **ball** ［ボーる］图 ボール

😀 gh の発音のちがいに注意しよう。　laugh [f] / eight（発音しない）

✔ Target 28

① **Are** they dan**cing**?

   それらは踊っているのですか。

② ——Yes, they **are**. / No, they **are not**.

   はい，そうです。／ いいえ，ちがいます。

- 現在進行形の疑問文は，am, are, is を前に置きます。
- 否定文は，am, are, is のあとに not を置きます。
- are not → aren't

Tool Box

- eat　食べる
- sing　歌う
- read　読む
- sleep　眠る

Practice

Speak

例にならって，今していることについてたずね合いましょう。

＊教科書 p.107 の写真を見て答えましょう。

例　A: Is the man cleaning the wall?（男性は壁を掃除しているのですか。）

　　B: No, he isn't.　He's painting it.（いいえ，ちがいます。彼はそれを塗っています。）

例　the man / clean the wall / paint it　（(その)男性／壁を掃除する／それを塗る）

解答例　1. A: Is the boy eating rice?（男の子はご飯を食べているのですか。）

　　　　　　B: No, he isn't.　He's making a rice ball.（いいえ，ちがいます。彼はおにぎりを作っています。）

　　　　2. A: Is the girl drinking lemonade?（女の子はレモネードを飲んでいるのですか。）

　　　　　　B: No, she isn't.　She is selling it.（いいえ，ちがいます。 彼女はそれを売っています。）

　　　　3. A: Is the woman taking a picture?（女性は写真をとっているのですか。）

　　　　　　B: No, she isn't.　She is looking at a map.（いいえ，ちがいます。彼女は地図を見ています。）

　　　　4. A: Are the people laughing?（人々は笑っているのですか。）

　　　　　　B: No, they aren't.　They are singing.（いいえ，ちがいます。彼らは歌っています。）

Use

Speak

① **Practice** を参考にして，少年が今していることをたずね合いましょう。
質問する人も答える人も，自由に想像して言いましょう。

＊教科書 p.107 の写真を見て答えましょう。

解答例　1. A: Is the boy eating a carrot?（男の子はニンジンを食べているのですか。）

　　　　　　B: No, he isn't.　He is singing.（いいえ，ちがいます。彼は歌っています。）

　　　　2. A: Is the boy studying?（男の子は勉強しているのですか。）

　　　　　　B: No, he isn't.　He is sleeping.（いいえ，ちがいます。彼は眠っています。）

Write

② ①のやりとりを1つ書きましょう。

解答例　A: Is the boy eating a carrot?

　　　　B: No, he isn't.　He is singing.

New Words　**単語と語句**　アクセントの位置に注意して，声に出して発音しよう。

☐ lemonade [れモネイド] 图 レモネード　　☐ **sell** [セる] 動 ～を売る

Part ③ 今，何をしているのかをたずねよう。

発音やイントネーションに気をつけて英文を読んでみよう。→ 本文の解説は p.186 にあります。

Get Ready

 アオイとチェンが，インターネットで，あるイベントの写真を見ています。

Chen: ① **This is an event in France.**
ずィス　イズ　アン　イヴェント　イン　ふランス
チェン：　　　これはフランスでのイベントです。

Aoi: ② **What are they doing?**
（フ）ワット　アー　ぜイ　ドゥーイング
アオイ：　　　彼らは何をしているのですか。

Chen: ③ **They're posing in cool costumes.**
ぜイア　ポウズィング　イン　クーる　カステュームズ
チェン：　　　彼らはかっこいい衣装を着てポーズをとっています。

Aoi: ④ **Wow!** ⑤ **This woman is wearing a costume from "Sailor Moon."**
ワウ　ずィス　ウマン　イズ　ウェアリング　ア　カステューム　ふラム　セイらァ　ムーン
アオイ：　　　わあ！　　この女性は『セーラームーン』の衣装を着ています。

⑥ **These men are wearing costumes from "Naruto."**
ずィーズ　メン　アー　ウェアリング　カステュームズ　ふラム　ナルト
これらの男性は『ナルト』の衣装を着ています。

Chen: ⑦ **Anime and manga are popular around the world.**
アニメイ　アンド　マンガ　アー　パ（ー）ピュらァ　アラウンド　ざ　ワ〜るド
チェン：　　　アニメやマンガは世界中で人気があります。

Q 写真の中の人たちは何をしていますか。　　**解答例** アニメのコスチュームを着てポーズをとっています。

 電話での会話を聞いて，それぞれが何をしているか選びましょう。
→ 音声の内容は p.189 にあります。

a.　　　*b.*　　　*c.*　　　*d.*

1. Sora (**b**)　　2. Emily (**c**)
3. Chen (**d**)

New Words　単語と語句　アクセントの位置に注意して，声に出して発音しよう。

☐ France [ふランス] 图 フランス
☐ pose(posing) [ポウズ(ポウズィング)] 動 ポーズをとる
☐ costume(s) [カステューム(ズ)] 图 衣装，コスチューム
☐ wear(s) [ウェア(ズ)] 動 〜を着ている
☐ "Sailor Moon" [セイらァ ムーン]
　图 『セーラームーン』〔マンガ・アニメの作品名〕
☐ men [メン] 图 man の複数形

"Naruto" [ナルト]
　图 『ナルト』〔マンガ・アニメの作品名〕
☐ anime [アニメイ] 图 アニメ
☐ around [アラウンド] 前 〜の周りをまわって
☐ world [ワ〜るド] 图 世界
☐ *around the world*　世界中で

🔊 c の発音のちがいに注意しよう。　France [s] / costume [k]

✔ Target 29

① **What are** they do**ing**?
（彼らは何をしているのですか。）

② ——They are posing in costumes.
彼らは衣装を着てポーズをとっています。

● 「(今)何をしていますか」と
たずねるときは，what を
文頭に置き，現在進行形の
疑問文を続けます。

Practice

例にならって，それぞれの人や動物が何をしているか，たずね合いましょう。

例　*A:* What is the woman doing?（女性は何をしているのですか。）
　　B: She is reading a magazine.（彼女は雑誌を読んでいます。）

例　the woman / read a magazine（(その)女性／雑誌を読む）

(解答例)　1. *A:* What is the man doing?（男性は何をしているのですか。）
　　　　　　B: He is drinking coffee.（彼はコーヒーを飲んでいます。）
　　　　2. *A:* What is the girl doing?（女の子は何をしているのですか。）
　　　　　　B: She is brushing her teeth.（彼女は歯をみがいています。）
　　　　3. *A:* What is the boy doing?（男の子は何をしているのですか。）
　　　　　　B: He is taking a shower.（彼はシャワーを浴びています。）
　　　　4. *A:* What are the dogs doing?（イヌは何をしているのですか。）
　　　　　　B: They are sleeping.（それらは眠っています。）

・dance　踊る
・carry　運ぶ
・leaf (leaves)　葉

Use

❶ 例にならって，次の生き物が何をしているか，たずね合いましょう。答えるときは，自由に
想像して言いましょう。

＊教科書 p.109 の写真を見て答えましょう。

例　*A:* What is this baby giraffe doing?（このキリンの赤ちゃんは何をしているのですか。）
　　B: It is sleeping.（それは眠っています。）

(解答例)　*A:* What is this baby giraffe doing?（このキリンの赤ちゃんは何をしているのですか。）
　　　　B: It is relaxing.（それはくつろいでいます。）
　　　　A: What are these cranes doing?（これらのツルは何をしているのですか。）
　　　　B: They are dancing.（それらは踊っています。）
　　　　A: What are these ants doing?（これらのアリは何をしているのですか。）
　　　　B: They are carrying leaves.（それらは葉を運んでいます。）

❷ ❶のやりとりを1つ書きましょう。

(解答例)　<u>What is this baby giraffe doing?</u>
　　　　<u>It is relaxing.</u>

このページの
New Words は
p.186 にあります。

Target 27

① I　　look　　for Japanese comic books.
（私は日本のマンガ本を探します。）

② I **am** look**ing** for Japanese comic books.
（私は日本のマンガ本を探しています。）

「（今）〜しています」という，現在進行中の動作は〈**am [are, is] ＋動詞の ing 形**〉で表すことができます。これを「現在進行形」と言います。

本文の解説　　　　　　　　　　　　　　　　教科書 **104** ページ

② I'm looking for Japanese comic books, manga.

〈**am ＋ 動詞の ing 形**〉は現在進行形です。look for 〜は「〜を探す」を表す熟語なので，**I am looking for 〜** は「**私は〜を探しています**」という意味になります。comic books は「マンガ本」で，次の manga という日本語「つまりマンガ」と補足説明しています。

---

③ Where are they?

where は「どこに」を表す疑問詞です。they は前の文の Japanese comic books, manga のことです。

---

⑤ They're over there.

この they も Japanese comic books, manga です。they're は they are の短縮形です。**over there** は「**向こうに**」の意味を表します。

---

⑧ They're popular in Singapore.

popular は「人気のある」という意味です。Singapore（シンガポール）が国の名前なので，「〜で」を表す前置詞は in を用います。

184

Part 2　　　　　　　　　今していることについてたずねよう。

Target 28
① **Are** they danc**ing**?
（それらは踊っているのですか。）

② ——Yes, they **are.** / No, they **are not.**
（はい，そうです。／いいえ，ちがいます。）

①現在進行形の疑問文は **am [are, is]** を主語の前に出します。**～ ing** の位置は変わらないので〈**Am [Are, Is] ＋主語＋動詞の ing 形 (...) ？**〉になります。

②疑問文に対しては **Yes / No** で答えます。否定の形は，**am [are, is]** の後ろに **not** を置きます。

・are not → aren't と短縮形になることがあります。

本文の解説　　　　　　　　　　　　　　　　　　　教科書 **106** ページ

① Look at this old picture.

文が動詞の原形で始まっているので，この文は命令文です。「見て（ください）。」と言っています。名詞を修飾する語が２つ続く場合の語順が old this picture とはならないことにも注意しましょう。

---

③ Are they dancing?

〈**Are ＋ 主語 ＋ 動詞の ing 形？**〉ですから，現在進行形の疑問文です。they は文②の a rabbit and some frogs（ウサギと何匹（びき）かのカエル）をさします。dance や文⑤の wrestle のように，e で終わる動詞を ing 形にするときには，e を取って ing がつくことに注意しましょう。

---

④ No, they aren't.

文③の疑問に対する答えです。are not が短縮形の aren't になっています。

---

⑤ They are wrestling.

wrestle は「レスリングする」という動詞です。ここでは昔の日本の絵を見ているので，「相撲をとる」と解釈できます。wrestle も dance 同様，語末の e を取って ing をつけます。

---

⑦ Are these frogs laughing?

現在進行形の疑問文です。主語は these frogs（これらのカエル）です。英語では「カエル」を表す語に frog（アマガエル）と toad（ヒキガエル）がありますが，ここでは区別する必要がないので，frog を「カエル」と言ってかまいません。

---

⑨ They are very funny.

funny は見ていると笑いたくなるようなおもしろさを表します。they がさしているのは文⑦の these frogs です。

| Part 3 | 今，何をしているのかをたずねよう。 |

Target 29

① **What are** they **doing**?
（彼らは何をしているのですか。）

② ──**They are posing in costumes.**
（彼らは衣装を着てポーズをとっています。）

「(今)何をしていますか」とたずねるときは，疑問詞 what を文頭に置き，現在進行形の疑問文を続けます。

What + 〈am [are, is]＋主語＋動詞 ing 形 (...)?〉

本文の解説

教科書 108 ページ

② **What are they doing?**

疑問詞 **what** を使った**現在進行形の疑問文**です。 they は，チェンとアオイが見ている写真の中の人々をさしています。

---

③ **They're posing in cool costumes.**

pose は「(写真をとるために)ポーズをとる」という動詞です。e を取って ing をつけます。costume は何かをするため，または何かをまねるために着る衣装のことで，アニメに関係する言い方では「コスプレ」の「コス」です。前置詞 in が「～を着て」を表します。

---

⑤ **This woman is wearing a costume from "Sailor Moon."**

動詞 **wear** は「～を着ている」という意味で，現在進行形は一時的な状態を表します。sailor の ai は，「エー」ではなく「エイ」と発音します。

---

⑥ **These men are wearing costumes from "Naruto."**

wearing は wear の現在進行形で「～を着ている」という一時的な状態を表しています。 主語が these men と複数なので，costume も複数形になっています。

---

p.183 の **New Words**

New Words **単語と語句** アクセントの位置に注意して，声に出して発音しよう。 **教科書 109 ページ**

☐ **magazine** [マガズィーン] 图雑誌
☐ **shower** [シャウア] 图シャワー
☐ *take a shower* シャワーを浴びる
☐ **baby** [ベイビィ] 图赤ちゃん

☐ **giraffe** [ヂラふ] 图キリン
☐ **crane(s)** [クレイン(ズ)] 图ツル
☐ **ant(s)** [アント(ツ)] 图アリ

Unit 10

Part 1 の音声内容

→ 解答は p.178 にあります。

 音声の内容は次の通りです。下線部に注意して，それぞれの人が何をしているかを選びましょう。

No. 1

Aoi is now in the library. She is reading a book.

（アオイは今，図書館にいます。彼女は本を読んでいます。）

No. 2

Chen is now in the gym. He is playing basketball.

（チェンは今，体育館にいます。彼はバスケットボールをしています。）

No. 3

Emily is now in the music room. She is playing the guitar.

（エミリーは今，音楽室にいます。彼女はギターをひいています。）

Part 2　の音声内容

→ 解答は p.180 にあります。

 音声の内容は次の通りです。下線部に注意して，ネコのペッパーとミントが何をしているか選びましょう。

No. 1

Mother:　Emily, where's Pepper?　Is she eating her food?

母：　　エミリー，ペッパーはどこ？　彼女はエサを食べてるの？

Emily:　No, she isn't.　She is sleeping on the sofa.

エミリー：　いいえ，ちがうわ。ソファの上で眠ってるの。

No. 2

Mother:　Emily, how about Mint?　Is she sleeping on the sofa, too?

母：　　エミリー，ミントはどうなの？　彼女もソファの上で眠ってるの？

Emily:　No, she isn't.　She is playing with a ball.

エミリー：　いいえ，ちがうわ。彼女はボールで遊んでるの。

Part 3 の音声内容

→ 解答は p.182 にあります。

 音声の内容は次の通りです。下線部に注意して，それぞれが何をしているか選びましょう。

No. 1

Emily: Hello, <u>Sora</u>. What are you doing?

エミリー： もしもし，ソラ。あなたは何をしているのですか。

Sora: Oh, <u>I'm studying math.</u>

ソラ： ああ，ぼくは数学を勉強しています。

No. 2

Aoi: Hello, <u>Emily</u>. What are you doing? I'm doing my homework. Can you help me?

アオイ： もしもし，エミリー。あなたは何をしているのですか。私は宿題をしています。私を手伝ってくれませんか。

Emily: I'm sorry. <u>I'm cooking now.</u>

エミリー： ごめんなさい。私は今，料理しているんです。

No. 3

Sora: Hello, <u>Chen</u>. What are you doing now?

ソラ： もしもし，チェン。あなたは今，何をしているのですか。

Chen: <u>I'm having lunch.</u>

チェン： ぼくは昼食をとっています。

Read & Think 日本のマンガ文化について述べた文章を読んで，内容を理解しよう。

→ 本文の解説は p.192 にあります。

 アオイとチェンが，ジャパンエキスポについての記事を読んでいます。

Japanese Manga and Anime （日本のマンガとアニメ）

1 ① Do you like manga and anime? ② How often do you read and watch
あなたはマンガやアニメが好きですか。　　あなたはどのくらいの頻度でそれらを読んだり

them? ③ Some people read and watch them every day.
見たりしますか。　それらを毎日読んだり見たりする人もいます。

2 ④ Today, young people around the world are interested in Japanese
今日，世界中の若者たちが日本のマンガやアニメに興味があります。

manga and anime. ⑤ For example, many French people enjoy Japan Expo
　　　　　　　　　たとえば，多くのフランスの人々が毎年パリでジャパンエキスポを楽

in Paris every year.
しみます。

3 ⑥ These are pictures of Japan Expo. ⑦ Some people are looking for
これらはジャパンエキスポの写真です。　　　彼らの好きなマンガを探している人も

their favorite manga. ⑧ Others are smiling in anime costumes.
います。　　　　　　アニメのコスチュームを身につけてほほえんでいる人もいます。

New Words **単語と語句** アクセントの位置に注意して，声に出して発音しよう。

☐ *How often ～ ?* どれくらい（の頻度で）～ですか。

☐ **today** [トゥデイ] 副今日（は）

☐ **young** [ヤング] 形若い

☐ **interested** [インタレスティッド] 形興味を持った

☐ *be interested in ～* ～に興味がある

☐ **example** [イグザンプる] 名例

☐ *for example* たとえば

　 Japan Expo [ヂャパン　エクスポウ] 名ジャパンエキスポ

　 Paris [パリス] 名パリ

☐ **favorite** [ふェイヴァリット] 形（いちばん）好きな

☐ **smile** (smiling) [スマイる(スマイリング)] 動ほほえむ

4 ⑨ At Japan Expo, manga and anime fans can enjoy traditional Japanese
ジャパンエキスポでは，マンガやアニメのファンが伝統的な日本文化を楽しむこともできます。

culture, too. ⑩ For example, they can try kendo and wear kimonos.
たとえば，彼らは剣道をしてみたり，着物を着てみたりすることができるのです。

⑪ It's wonderful! ⑫ Manga and anime are a bridge between Japan and
それはすばらしいです！ マンガやアニメは日本とほかの国々とのかけ橋なのです。

other countries.

5 ⑬ Let's enjoy manga and anime!
マンガやアニメを楽しみましょう！

(107 words)

New Words 　**単語と語句**　アクセントの位置に注意して，声に出して発音しよう。

- ☐ traditional [トゥラディショヌる] 形 伝統的な
- ☐ culture [カるチャ] 名 文化
- ☐ try [トゥライ] 動 ～を試す，やってみる
- ☐ kimono [キィモウナ] 名 着物
- ☐ wonderful [ワンダふる] 形 すばらしい
- ☐ bridge [ブリッヂ] 名 橋，かけ橋
- ☐ between [ビトゥウィーン] 前 ～の間に
- ☐ between A and B　AとBの間に
- ☐ country (countries) [カントゥリィ (カントゥリィズ)] 名 国

Understanding

1 本文の内容に合うものには○を，合わないものには×を（　　）に書きましょう。

(1) Manga and anime are popular around the world. (○)
（マンガとアニメは世界中で人気があります。）

(2) Manga and anime fans cannot try kendo and wear kimonos. (×)
（マンガやアニメのファンは伝統的な剣道をしてみたり，着物を着てみたりすることができません。）

2 本文の内容に合うように，（　　）に下から適切な英語を選んで入れましょう。

・Many manga and anime fans enjoy Japan Expo in (France) every year. （多くのマンガやアニメのファンたちは，毎年フランスでジャパンエキスポを楽しみます。）

・They also enjoy traditional Japanese (culture) there.
（彼らはまた，そこで伝統的な日本文化を楽しみます。）

・Manga and anime are a (bridge) to the world.
（マンガやアニメは世界へのかけ橋です。）
[bridge / France / culture]

3 日本のマンガやアニメが海外で人気があることをどう思いますか。

それはとてもすばらしいことだと思います。それらのおかげで日本という国を知る人々がたくさんいると思うからです。日本に興味を持った人の中には日本を訪れたり，日本の大学に入学したりする人もいるでしょう。

【本文の解説】　　　　　　　　　　　　　　　教科書 **110**〜**111** ページ

④ **Today, young people around the world are interested in Japanese manga and anime.**
young people around the world は「世界中の若い人々」という意味で，この文の主語です。**be interested in 〜** は「**〜に興味がある**」を表します。

- -

⑦ **Some people are looking for their favorite manga.**
are looking は〈**be 動詞＋動詞の ing 形**〉の**現在進行形**の形です。「**(今)〜している**」という意味です。look for 〜 は「**〜を探す**」，favorite は「**(いちばん)好きな**」を表します。文頭の some は次の文頭の others と呼応しています。「**〜もいれば…もいる**」という意味になります。

- -

⑨ **At Japan Expo, manga and anime fans can enjoy traditional Japanese culture, too.**
can は「**〜できる**」という意味の**助動詞**です。traditional は「**伝統的な**」，culture は「**文化**」を表します。

- -

⑫ **Manga and anime are a bridge between Japan and other countries.**
between A and B は「**A と B の間に**」という意味です。ここでは「日本とほかの国々との間に」ということを表しています。bridge「橋」はここでは比ゆ的に，2 つのものをつなぐ役割をする仲立ちとしての意味を表しています。

Let's Talk 9　電話

目標：電話をかけることができる。

モデル対話　チェンはソラに電話をかけています。

チェン：　Hello? This is Chen.
（もしもし。こちらはチェンです。）

ソラ：　Hi, Chen. This is Sora. What's up?
（こんにちは，チェン。こちらはソラです。どうしたの？）

チェン：　Can you help me with my Japanese homework?
（国語の宿題を手伝ってもらえますか。）

ソラ：　Of course.
（もちろん。）

チェン：　Can you come to my house at three?
（3時にぼくの家に来てくれますか。）

ソラ：　OK.
（いいよ。）

チェン：　That's great. Thank you.
（それはよかった。ありがとうございます。）

重要表現

Hello? This is Chen.
（もしもし。こちらはチェンです。）

What's up?
（どうしたのですか。）

New Words　**単語と語句**　アクセントの位置に注意して，声に出して発音しよう。

☐ *help ~ with ...*　～の…を手伝う
☐ **course** ［コース］图〔次の連語で〕
☐ *of course*　もちろん
☐ **house** ［ハウス］图家

Step 1 モデル対話を練習して，ペアになって対話をしましょう。

Step 2 ペアになり，モデル対話と Tool Box の表現を参考にして，自由に対話をしましょう。

(解答例) 承諾する場合

Sora: Hello. This is Sora. May I speak to Chen, please?

ソラ： もしもし。こちらはソラです。チェンをお願いします。

Chen: Speaking. What's up, Sora?

チェン： ぼくです。どうしたのですか，ソラ。

Sora: Can you help me with my cooking homework?

ソラ： 料理の宿題を手伝ってくれる？

Chen: Sure. Let's meet at your house at two.

チェン： いいですよ。2時にきみの家で会いましょう。

(解答例) 忙しいので断る場合

Aoi: Hi, Emily. This is Aoi. Can you help me with my English homework?

アオイ： もしもし，エミリー。こちらはアオイです。英語の宿題を手伝ってくれる？

Emily: Oh, Aoi. I'm sorry. I'm busy now.

エミリー： ああ，アオイ。ごめんなさい。今，忙しいの。

(解答例) 予定があるので断る場合

Saki: Hello. This is Saki. May I speak to Mayu, please?

サキ： もしもし。こちらはサキです。マユをお願いします。

Mayu: Speaking. What's up, Saki?

マユ： 私です。どうしたの，サキ？

Saki: Can you go shopping with me tomorrow?

サキ： 明日私と買い物に行ってくれる？

Mayu: Sorry, I have plans tomorrow.

マユ： 悪いけど，明日は予定があるの。

電話の表現

- *A:* May I speak to Chen, please? チェンをお願いします。

  B: Speaking. 私です。

- Sorry, I'm busy now. 悪いけど，今忙しいんだ。

- Sorry, I have plans. 悪いけど，予定があるんだ。

Let's Listen 3　ニュース

目標：どこで何が起きているのかを聞き取ることができる。

1 ニュースのレポートを聞いて，内容に合う写真を選びましょう。
→ 音声の内容は p.196 にあります。

1. (c)　　2. (b)　　3. (a)　　4. (d)　　＊教科書 p.113 の写真を見て答えましょう。

a. Austraila　　**b.** France

c. USA　　**d.** Italy

2 もう一度レポートを聞いて，どの国のニュースかを，下から選んで書きましょう。

France　Italy　USA　Australia

発音コーナー③　イントネーション

Yes, No で答える疑問文は上がり調子（↗）で，What や How などで始まる疑問文は下がり調子（↘）で言います。or を含む文では，上がり調子と下がり調子を組み合わせて言います。

▶ 次の文を，イントネーションに注意して読んでみましょう。

1. Can you see many people? (↗)
（たくさんの人々が見えますか。）

2. What are they doing? (↘)
（彼らは何をしているのですか。）

3. Are they waiting for a taxi (↗) or a bus? (↘)
（彼らはバスかタクシーを待っているのですか。）

選択肢を3つ並べるときは，次のようになるよ。
a taxi (↗),
a bus (↗),
or a train (↘)

New Words　単語と語句　アクセントの位置に注意して，声に出して発音しよう。

- report(ing) [リポート(ティング)] 動 報告する
- line [らイン] 图 列
- in a long line　長い列になって
- wait(ing) [ウェイト(ティング)] 動 待つ
- wait for 〜　〜を待つ
- taxi [タクスィ] 图 タクシー
- famous [ふェイマス] 形 有名な
- cupcake(s) [カップケイク(ス)] 图 カップケーキ
- musician(s) [ミュ(ー)ズィシャン(ズ)] 图 音楽家
- performance [パふォーマンス] 图 演奏
- Sydney [スィドニィ] 图 シドニー
- challenge [チャれンヂ] 動 〜に挑戦する
- record [レカァド] 图 記録
- guitarist [ギターリスト] 图 ギタリスト
- Rome [ロウム] 图 ローマ

No. 1

I'm reporting from New York, USA. Can you see many people in a long line? Are they waiting for a taxi or a bus? No. A famous cake shop opened last week. They want to buy cupcakes at this shop...

(私はアメリカ合衆国のニューヨークからレポートしています。長い列になっているたくさんの人が見えますか。彼らはタクシーかバスを待っているのでしょうか。ちがいます。有名なケーキ店が先週開店しました。彼らはこの店でカップケーキを買いたいのです…)

No. 2

I'm reporting from Paris, France. A man is playing the violin here. In Paris, we can find many street musicians. People enjoy their performance every day...

(私はフランスのパリからレポートしています。男性がここでバイオリンをひいています。パリでは，私たちはたくさんの路上演奏家を見つけることができます。人々は毎日彼らのパフォーマンスを楽しみます…)

No. 3

I'm reporting from Sydney, Australia. We can see many people with their guitars. What are they doing? They are challenging the world record. 457 guitarists are playing a song together...

(私はオーストラリアのシドニーからレポートしています。私たちにはたくさんのギターを持った人が見えます。彼らは何をしているのでしょうか。彼らは世界記録に挑戦しているのです。457 人のギタリストがいっしょに 1 つの曲を演奏しています…)

No. 4

I'm reporting from Rome, Italy. A man is drawing a picture on the street. What a beautiful picture! He is painting a woman's face...

(私はイタリアのローマからレポートしています。男性が路上に絵をかいています。なんと美しい絵なのでしょう。彼は女性の顔をかいています…)

現在進行形

□「(今)〜しています」という，現在進行中の動作を表します。

肯定文	▶ 動詞を〈be 動詞＋動詞の ing 形〉にします。 Sora　plays　soccer every day.　［現在形］ （ソラは毎日サッカーを<u>します</u>。） Sora **is playing** soccer now.　　　［現在進行形］ （ソラは今サッカーを<u>しています</u>。）
否定文	▶ be 動詞のあとに not を置きます。 Chen **is**　**running** in the park.　［肯定文］ （チェンは公園で走っています。） Chen **is not running** in the park.　［否定文］ （チェンは公園で走っていません。）
疑問文	▶ 主語の前に be 動詞を出し，文末にクエスチョンマークをつけます。 　　　Aoi **is reading** books in the library.　　［肯定文］ 　　　（アオイは図書館で本を読んでいます。） **Is** Aoi　**reading** books in the library?（♪）［疑問文］ （アオイは図書館で本を読んでいますか。） —— Yes, she **is**. / No, she **isn't**. 　（はい，読んでいます。／ いいえ，読んでいません。） ▶ (今)何をしているのかをたずねるときは，what を文頭に置きます。 **What is** Aoi do**ing**? （アオイは何をしているのですか。） —— She is reading books in the library. （彼女は図書館で本を読んでいます。）

Let's Try　ペアになって，それぞれ絵の中の人物を１人選びましょう。
次のように質問して，相手が選んだ人物を当てましょう。

例　*A:* Are you playing the guitar?

（あなたはギターをひいていますか。）

B: No, I'm not.

（いいえ，ひいていません。）

A: Are you wearing a cap*?　*cap：（ふちのない）帽子

（あなたは野球帽をかぶっていますか。）

B: Yes, I am.

（はい，かぶっています。）

A: So you are Chen.

（それならあなたはチェンです。）

解答例　*A:* Are you talking?

（あなたは話をしていますか。）

B: No, I'm not.

（いいえ，話していません。）

A: Are you reading a book?

（あなたは本を読んでいますか。）

B: Yes, I am.

（はい，読んでいます。）

A: So you are Aoi.

（それならあなたはアオイです。）

解答例　*A:* Are you playing soccer?

（あなたはサッカーをしていますか。）

B: No, I'm not.

（いいえ，していません。）

A: Are you playing the guitar?

（あなたはギターをひいていますか。）

B: Yes, I am.

（はい，ひいています。）

A: So you are Emily.

（それならあなたはエミリーです。）

Project 3

日記を書こう

どんなちがいがあるかな。

1 2つの日記を読んで，わかったことをメモしましょう。 Read

● 1日の出来事を時間の順に書く

Saturday, March 8
（3月8日，土曜日）

I had tennis practice in the morning.
（私は午前中，テニスの練習をした。）

In the afternoon, I visited Ken and
（午後に，私はケンを訪ね，彼といっしょにテレビゲー

played a video game with him. He
ムをした。）　　　　　　　　　　　（彼

won the game. I was not happy. At
がゲームに勝った。）　（私はうれしくなかった。）（夜

night, I did my homework. It was
に，私は宿題をした。）　　　　　　（それは簡

easy.
単だった。）

1. 午前中にしたこと
> テニスの練習

2. 午後にしたこと，感想
> テレビゲーム。ケンが勝ってうれしくなかった。

3. 夜にしたこと，感想
> 宿題。簡単だった。

● ある出来事をくわしく書く

Sunday, March 9
（3月9日，日曜日）

I went to an amusement park with
（私は友だちといっしょに遊園地へ行った。）

my friends. It was very crowded.
（それはとてもこみ合っていた。）

We rode many attractions. The
（私たちはたくさんのアトラクションに乗った。）

roller coaster was really exciting.
（ジェットコースターはとてもわくわくした。）

We ate a lot of food, too. We had a
（私たちはまた，たくさんの食べ物を食べた。）　（私た

great time.
ちはすばらしい時を過ごした。）

1. どこに行ったか
> 遊園地

2. 何をしたか
> たくさんのアトラクションに乗った。
> たくさんの食べ物を食べた。

3. 感想
> すばらしかった。

New Words 単語と語句 アクセントの位置に注意して，声に出して発音しよう。

- won [ワン] 動 win の過去形
- win [ウィン] 動 ～に勝つ
- at night 夜に，晩に
- easy [イーズィ] 形 簡単な，楽な
- crowded [クラウディッド] 形 こみ合った
- attraction(s) [アトゥラクション(ズ)] 图 アトラクション

日記でよく使われる表現

1 したこと

buy / bought	bought <u>a T-shirt</u>	Tシャツを買った
eat / ate	ate <u>hamburgers</u>	ハンバーガーを食べた
enjoy / enjoyed	enjoyed <u>the concert</u>	コンサートを楽しんだ
get / got	got up <u>at six</u>	6時に起きた
go / went	went <u>shopping</u>	買い物に行った
have / had	had <u>lunch</u>	昼食を食べた
listen / listened	listened to <u>music</u>	音楽を聞いた
play / played	played <u>a video game</u>	テレビゲームをした
see / saw	saw <u>a movie</u>	映画を見た
watch / watched	watched <u>TV</u>	テレビを見た

2 感想

I [We] had a good	time.	楽しい時を過ごした。
	day.	楽しい1日を過ごした。
It was a lot of fun.		とても楽しかった。
It was	hard.	厳しかった。難しかった。
	easy.	簡単だった。
	interesting.	興味深かった。

	happy.	うれしかった。
	surprised.	驚いた。
I was	excited.	興奮した。
	embarrassed.	はずかしかった。
	tired.	疲れた。
	sad.	悲しかった。

3 時間の表現

today	今日	this morning	今朝	this evening	今夜
in the morning	午前中に	in the afternoon	午後に	at night	夜に
all day	1日中	from 10:00 a.m. to 4:00 p.m.	午前10時から午後4時まで	yesterday	昨日

New Words **単語と語句** アクセントの位置に注意して，声に出して発音しよう。

☐ **concert** [カンサト] 图 コンサート
☐ **fun** [ふァン] 图 楽しみ，おもしろいこと
☐ **interesting** [インタレスティング] 形 興味深い
☐ **surprised** [サプライズド] 形 驚いた
☐ **excited** [イクサイティッド] 形 興奮した
☐ **embarrassed** [インバラスト] 形 はずかしい
☐ **tired** [タイアド] 形 疲れた
☐ **sad** [サッド] 形 悲しい
☐ **all** [オーる] 形 すべての

2 日記を書きましょう。

1 次の構成で，自分の1日について書きましょう。

 感想も入れてみよう。

● 1日の出来事を時間の順に書く

曜日・日付	Saturday, July 18　（7月18日，土曜日）
1. 午前中にしたこと	I went to the library.　（私は図書館へ行った。）
2. 午後にしたこと	I played soccer with Sam.　（私はサムといっしょにサッカーをした。）
3. 夜にしたこと	I listened to music with my family. （私は家族といっしょに音楽を聞いた。）

● ある出来事をくわしく書く

曜日・日付	Sunday, July 19　（7月19日，日曜日）
1. どこに（だれと）行った	I went shopping with Mari.　（私はマリと買い物に行った。）
2. 何をした①	I bought a hat.　（私は帽子を買った。）
3. 何をした②	We had lunch.　（私たちは昼食を食べた。）
4. 感想	We had a good day.　（私たちは楽しい1日を過ごした。）

2 **1**で書いた日記を友だちと交換して，質問をしましょう。

例

How was the practice?
練習はどうだった？

How did you get there?
どのようにしてそこに行ったの？

What else did you do?
ほかに何をしたの？

解答例　How was soccer?
（サッカーはどうだった？）

What kind of music did you listen to?
（どんな種類の音楽を聞いたの？）

Did you have a good time?
（楽しい時を過ごしたの？）

What else did you buy?
（ほかに何を買ったの？）

What did you eat for lunch?
（昼食に何を食べたの？）

New Words　**単語と語句**　アクセントの位置に注意して，声に出して発音しよう。

☐ **else** ［エるス］圃 ほかに

Let's Read ① The Crow and the Pitcher
（カラスと水差し）

発音やイントネーションに気をつけて英文を読んでみよう。→ 本文の解説は p.205 にあります。

　　　　ア　　さ〜スティ　　クロウ　ふァウンド　ア　　ピッチャ
① A thirsty crow found a pitcher.
のどがかわいたカラスが水差しを見つけました。

　　　　ヒー　　ふァウンド　　ウォータァ　インサイド　イット
② He found water inside it.
彼はその中に水を見つけました。

　　　　ヒー　　ワズ　　ヴェリィ　　ハピィ
③ He was very happy.
彼はとてもうれしかったです。

　　　バット　ヒー　　クッド　　ナット　ドゥリンク　　ざ　　　ウォータァ
④ But he could not drink the water.
しかし彼はその水を飲むことができませんでした。

　　　ヒズ　　ビーク　ディッドナット　　リーチ　イット
⑤ His beak did not reach it.
彼のくちばしはそれに届きませんでした。

　　　ざ　　ピッチャ　　　ハッド　ヴェリィ　りトゥる　　ウォータァ
⑥ The pitcher had very little water.
その水差しにはとても少ししか水が入っていませんでした。

　アイ キャント　ドゥリンク　ずィス　　アイム　ヴェリィ　さ〜スティ
⑦ "I can't drink this. I'm very thirsty."
「私はこれを飲むことができない。私はとてものどが渇いている。」

Q1 カラスはどうして水を飲むことができなかったのですか。

 彼のくちばしが水差しに届かなかったからです。

→ 本文の解説は p.205 にあります。

① He tried many ways, but he failed.
ヒー トゥライド メニィ ウェイズ バット ヒー ふェイるド
彼はたくさんの方法を試しましたが，失敗しました。

② His beak was too short!
ヒズ ビーク ワズ トゥー ショート
彼のくちばしが短すぎるのです！

③ He thought and thought.
ヒー そート アンド そート
彼は考えに考えました。

④ "Okay, I have a good idea!"
オウケイ アイ ハヴ ア グッド アイディーア
「よし，いい考えがあるぞ！」

⑤ He collected a lot of small stones.
ヒー これクティッド ア らット オヴ スモーる ストウンズ
彼はたくさんの小さい石を集めました。

⑥ He dropped the stones into the pitcher one by one.
ヒー ドゥラップト ざ ストウンズ イントゥー ざ ピッチャ ワン バイ ワン
彼はこれらの石を1つずつ水差しに落としました。

⑦ What happened then?
(フ)ワット ハプンド ぜン
それから何が起きたでしょうか。

⑧ The stones raised the water level.
ざ ストウンズ レイズド ざ ウォータァ れヴる
石が水位を上げたのです。

⑨ Finally he could drink the water.
ふァイナりィ ヒー クッド ドゥリンク ざ ウォータァ
ついに彼は水を飲むことができました。

(95 words)

Q2 カラスはどのようにして水を飲むことができましたか。

解答例 たくさんの小さい石を水差しに落とし，その石で水位を上げて飲みました。

 Think この物語には，どのような教訓があると思いますか。

例 最初はできないことも，考えをめぐらせて，あきらめずに挑戦し続けることで，できるようになるということ。

New Words **単語と語句** アクセントの位置に注意して，声に出して発音しよう。

□ crow [**クロ**ウ] 名 カラス

□ pitcher [**ピッチャ**] 名 水差し

□ thirsty [**さ**〜スティ] 形 のどのかわいた

□ found [**ふァ**ウンド] 動 find の過去形

□ water [**ウォ**ータァ] 名 水

□ inside [イン**サ**イド] 前 〜の中に

□ could [**クッ**ド] 助 can の過去形

□ beak [**ビー**ク] 名 くちばし

□ reach [**リー**チ] 動 〜にとどく

□ little [**り**トゥる] 形 少しの〜しか

教科書 **118** ページ

□ way(s) [**ウェ**イ(ズ)] 名 方法

□ fail(ed) [**ふェ**イる(ド)] 動 失敗する

□ thought [**そー**ト] 動 think の過去形

　□ think [**すィ**ンク] 動 考える

□ thought and thought　考えに考えた

□ okay [オウ**ケ**イ] 間 =OK

□ idea [アイ**ディー**ア] 名 考え

□ collect(ed) [コ**れ**クト(ティッド)] 動 〜を集める

□ stone(s) [**ストウ**ン(ズ)] 名 石

□ drop(ped) [ドゥ**ラッ**プ(ト)] 動 〜を落とす

□ into [**イ**ントゥー] 前 〜の中へ

□ one by one　1つずつ

□ happen(ed) [**ハ**プン(ド)] 動 起こる

□ raise [**レ**イズ] 動 〜を上げる

□ level [**れ**ヴる] 名 水平面の高さ

□ water level [**ウォ**ータァ **れ**ヴる] 名 水位，水面

□ finally [**ふァ**イナりィ] 副 ついに，最後に

教科書 **119** ページ

本文の解説　　　　　　　　　　　　　教科書 **118** ページ

⑤ **His beak did not reach it.**

beak は「くちばし」という意味です。**did not reach** は**過去の否定文**で「**〜に届かなかった**」を表します。it は前の文の the water「水」のことです。

本文の解説　　　　　　　　　　　　　教科書 **119** ページ

⑥ **He dropped the stones into the pitcher one by one.**

dropped は「〜を落とす」という**動詞の過去形**です。one by one は「1つずつ」という意味です。

⑧ **The stones raised the water level.**

raised は raise「〜を上げる」の過去形です。ai は「エイ」と発音します。water level は「水位」という意味です。

River Crossing Puzzle

(川渡りパズル)

発音やイントネーションに気をつけて英文を読んでみよう。→ 本文の解説は p.208 にあります。

クウェスチョン
Question:
問題

　　　ア　　ふァーマァ　　ワンツ　トゥ　クロース　ア　リヴァ
①A farmer wants to cross a river.
１人の農夫が川を渡りたいと思っています。

　　ヒー　　ワンツ　トゥ　テイク　ア　うるふ　ア　ゴウト　　アンド
②He wants to take a wolf, a goat, and

ア　キャベチ　　ウィず　ヒム
a cabbage with him.
きたいと思っています。
彼はオオカミとヤギを連れて，そしてキャベツを持って行

　　ヒズ　スモーる　ボウト　キャン　キャりィ　ざ　ふァーマァ　　アンド オウンりィ　ワン　オヴ　ぜム　アトア　タイム
③His small boat can carry the farmer and only one of them at a time.
彼の小さなボートは一度に農夫と，それらのうちの１つしか運べません。

　　ヒー　キャナ（一）ット　りーヴ　ざ　うるふ　アンド　ざ　ゴウト　ビハインド
④He cannot leave the wolf and the goat behind.
彼はオオカミとヤギをあとに残していくことができません。

　　　うるヴズ　イート　ゴウツ
⑤Wolves eat goats.
オオカミがヤギを食べてしまいます。

　　ヒー　キャナ（一）ット　りーヴ　ざ　ゴウト　アンド　ざ　キャベチ　ビハインド
⑥He cannot leave the goat and the cabbage behind.
彼はヤギとキャベツをあとに残していくことができません。

　　　ゴウツ　イート　キャベチズ
⑦Goats eat cabbages.
ヤギはキャベツを食べてしまいます。

　　ハウ　キャン　ざ　ふァーマァ　テイク　ざ　うるふ　ざ　ゴウト　アンド　ざ　キャベチ　アクロース　ざ
⑧How can the farmer take the wolf, the goat, and the cabbage across the
農夫はどうやってオオカミとヤギとキャベツを川の向こう岸まで運ぶことができるでしょうか。

リヴァ
river?

Q いっしょにしてはいけない組み合わせはどれですか。それはなぜですか。
・オオカミとヤギ　・オオカミとキャベツ　・ヤギとキャベツ

解答例 オオカミとヤギ。 オオカミはヤギを食べてしまうから。
ヤギとキャベツ。 ヤギはキャベツを食べてしまうから。

→ 本文の解説は p.208 にあります。

Example Answer:
イグ**ザ**ンブる　　**ア**ンサァ

解答例

① First, the farmer takes the goat across.
ふァ〜スト　ざ　ふァーマァ　テイクス　ざ　ゴウト　アクロース

まず，農夫はヤギを向こう岸まで運びます。

② He leaves the wolf and the
ヒー　**り**ーヴズ　ざ　**ウ**るふ　**ア**ンド　ざ

彼はオオカミとキャベツをあとに残してい

cabbage behind. ③ The farmer returns alone.
キャベチ　ビハインド　ざ　ふァーマァ　リ**タ**〜ンズ　ア**ら**ウン

きます。　　　　　　　　農夫は 1 人でもどります。

④ Second, the farmer takes the cabbage across.
セカンド　ざ　ふァーマァ　テイクス　ざ　**キャ**ベチ　アクロース

次に，農夫はキャベツを向こう岸まで運びます。

⑤ The farmer returns with
ざ　ふァーマァ　リ**タ**〜ンズ　**ウィ**ず

農夫はヤギといっしょにもどります。

the goat.
ざ　**ゴ**ウト

⑥ Third, the farmer takes the wolf across.
さ〜ド　ざ　ふァーマァ　テイクス　ざ　**ウ**るふ　アクロース

3番目に，農夫はオオカミを向こう岸まで運びます。

⑦ The farmer returns alone.
ざ　ふァーマァ　リ**タ**〜ンズ　ア**ら**ウン

農夫はひとりでもどります。

⑧ Finally, the farmer takes the goat across.
ふ**ァ**イナりィ　ざ　ふァーマァ　テイクス　ざ　ゴウト　アクロース

最後に，農夫はヤギを向こう岸まで運びます。

⑨ Done!
ダン

できた！

(128 words)

> **Think**　パズルの答えを理解できましたか。友だちと教え合いましょう。

- ☐ river [リヴァ] 图川
- ☐ crossing [クロースィング] 图横断
- ☐ puzzle [パズる] 图パズル
- ☐ question [クウェスチョン] 图問題, 質問
- ☐ farmer [ふァーマァ] 图農夫
- ☐ cross [クロース] 動〜を渡る
- ☐ wolf [ウるふ] 图オオカミ
- ☐ goat [ゴウト] 图ヤギ

- ☐ boat [ボウト] 图ボート
- ☐ carry [キャリィ] 動〜を運ぶ
- ☐ one of 〜 〜の1つ
- ☐ at a time 一度に
- ☐ behind [ビハインド] 圖あとに, 後ろに
- ☐ leave 〜 behind 〜をあとに残していく
- ☐ across [アクロース] 前〜の向こう側へ

教科書 **120** ページ

- ☐ answer [アンサァ] 图答え
- ☐ take 〜 across （船などで）〜を渡す

- ☐ return(s) [リタ〜ン(ズ)] 動もどる
- ☐ Done! できた！

教科書 **121** ページ

本文の解説　　　　　　　　　　　　　　　　　　　　　教科書 **120** ページ

③**His small boat can carry the farmer and only one of them at a time.**
can は「〜できる」という意味の助動詞です。〈**助動詞＋動詞の原形**〉の形で使います。them は前の文の a wolf, a goat, and a cabbage「オオカミ，ヤギ，そしてキャベツ」をさしています。at a time で「一度に」という意味を表します。

- -

⑧ **How can the farmer take the wolf, the goat, and the cabbage across the river?**
疑問詞 how「どうやって」を使った文です。助動詞 can が続いているので，「**どうやって〜できるか**」という意味になります。 across は「〜の向こう側へ」です。

本文の解説　　　　　　　　　　　　　　　　　　　　　教科書 **121** ページ

① **First, the farmer takes the goat across.**
文頭の First は「最初に，第一に」という意味の副詞です。順番に説明するときによく使われ，Second「次に」，Third「３番目に」と続き，Finally「ついに」を最後に置きます。take 〜 across は「（船などで）〜を渡す」という意味です。

定期テスト

（全5回）

解答は p.220 ～ 229 にあります。

今までに習ったことがどのくらい理解できているか，
テストをしてみましょう。
間違えたところは教科書にもどって，もう一度確認しましょう。

定期テスト 第1回

1. 日本語の意味に合うように，□に入るアルファベットを＝＝に書き，英単語を完成させましょう。
（完答5点×4＝20点）

(1) 映画　m □ vie ＿＿＿

(2) 昼食　l □ nch ＿＿＿

(3) 先生　t □□ cher ＿＿＿

(4) 友だち　fr □□ nd ＿＿＿

2. 次の英語の意味を書きましょう。
（4点×4＝16点）

(1) good ＿＿＿＿＿＿，上手な

(2) elementary school ＿＿＿＿＿＿

(3) cousin ＿＿＿＿＿＿

(4) classroom ＿＿＿＿＿＿

3. 次の日本語の意味に合うように，（　　　）内から適切な語を選んで○をつけましょう。
（4点×4＝16点）

(1) こちらはケイトです。 彼女は私の姉です。
　　This is Kate. (He / She) is my sister.

(2) ボブは歌うことが得意です。
　　Bob is good (at / to) singing.

(3) あれは黒板消しですか。
　　Is (this / that) a blackboard eraser?

(4) 私はブラジル出身です。
　　I'm (for / from) Brazil.

4. 日本語の意味に合うように，次の＝＝に適切な英語を入れましょう。

(完答 7 点 × 4 ＝ 28 点)

(1) あなたはサッカーファンですか。

_____ _____ a soccer fan?

(2) 〈(1)の答えとして〉── いいえ，ちがいます。

____ _____ , _____ not.

(3) これは何ですか。

_____ _____ ?

(4) 〈(3)の答えとして〉── それはノートです。

_____ a _____ .

5. 次の対話文を読み，下の問いに答えましょう。

Aoi: Hello, Diana. (1)How are you?

Diana: Hi, Aoi. I'm OK. But I'm sleepy.

Aoi: Sleepy? (2)(it / time / is / what) now?

Diana: It's 1:00 a.m.

Aoi: Oh, I'm sorry. It's 10:00 a.m. (3)(　　　) Japan.

(1) 下線部の英文を日本語にしましょう。 (8 点)

_____

(2) 下線部が「今，何時ですか。」という意味になるように，(　　　) 内の語を並べ替えて，英文を完成させましょう。 (7 点)

_____ now?

(3) ＝＝ に適切な前置詞を書きましょう。 (5 点)

____ Japan.

211

定期テスト 第2回

1. 下線部の発音が左の語と同じものを，**ア**～**ウ**から１つ選んで○をつけましょう。
（3点×3＝9点）

(1) c<u>oo</u>k　　　**ア** f<u>oo</u>d　　　**イ** l<u>oo</u>k　　　**ウ** fl<u>oo</u>r

(2) f<u>a</u>vorite　　　**ア** m<u>a</u>ny　　　**イ** str<u>a</u>nge　　　**ウ** c<u>a</u>ll

(3) p<u>o</u>stcard　　　**ア** m<u>o</u>ment　　　**イ** p<u>o</u>pular　　　**ウ** w<u>a</u>nt

2. 次の英語の意味を書きましょう。
（4点×4＝16点）

(1) delicious ＿＿＿＿＿＿＿＿　　(2) beautiful ＿＿＿＿＿＿＿＿

(3) people ＿＿＿＿＿＿＿＿　　(4) after school ＿＿＿＿＿＿＿＿

3. 次の日本語を英語で書きましょう。
（5点×4＝20点）

(1) 夕食 ＿＿＿＿＿＿＿＿　　(2)（～を）勉強する ＿＿＿＿＿＿＿＿

(3) 絵をかく，（絵など）をかく ＿＿＿＿＿＿＿＿　　(4) いす ＿＿＿＿＿＿＿＿

4. 次の日本語の意味に合うように，（　　　）内から適切な語を選んで○をつけましょう。
（4点×2＝8点）

(1) 私は１つのリンゴと２つのトマトがほしいです。

I want an apple and two (tomatoes / tomatos) .

(2) このケーキを食べないで（ください）。

(Aren't / Don't) eat this cake.

5. 日本語の意味に合うように, 次の( )に適切な英語を入れましょう。

(完答 7 点 × 4 ＝ 28 点)

(1) その赤いシャツはいくらですか。

( ) ( ) is that red shirt?

(2) あなたは何色が好きですか。

( ) ( ) do you like?

(3) この地図を見なさい。

( ) ( ) this map.

(4) 私は冬が好きではありません。

( ) ( ) ( ) winter.

6. 次の対話文を読み, 下の問いに答えましょう。

Chen: I want some postcards.

Aoi: (1)(many / want / postcards / do / how / you)?

Chen: (2)Let me see.... I want three for my family. Aoi, do you want any souvenirs?

Aoi: Yes, I do. I want these key rings. (3)( ) beautiful.

---

(1) 下線部が「あなたは絵はがきが何枚ほしいですか」という意味になるように, ( )内の語を並べ替えて, 英文を完成させましょう。 (8 点)

_____ ?

(2) 下線部の英文を日本語にしましょう。 (6 点)

_____

(3) ( )に入る適切な英語を書きましょう。 (5 点)

( ) beautiful.

213

定期テスト　第3回

1. 下線部の発音が左の語と同じものを，**ア〜ウ**から１つ選んで○をつけましょう。
（3点×3＝9点）

(1) w<u>o</u>man　　**ア** g<u>oo</u>d　　**イ** wh<u>o</u>se　　**ウ** al<u>o</u>ne

(2) b<u>u</u>sy　　**ア** r<u>i</u>ght　　**イ** f<u>u</u>nny　　**ウ** l<u>i</u>ve

(3) <u>o</u>ther　　**ア** pr<u>o</u>gram　　**イ** dr<u>u</u>m　　**ウ** m<u>a</u>ybe

2. 次の英語の意味を書きましょう。
（4点×4＝16点）

(1) work ＿＿＿＿＿＿＿＿ , 取り組む　(2) garbage ＿＿＿＿＿＿＿＿

(3) walk ＿＿＿＿＿＿＿＿　　　　　(4) go shopping ＿＿＿＿＿＿＿＿

3. 次の日本語を英語で書きましょう。
（5点×4＝20点）

(1) おば ＿＿＿＿＿＿＿＿　　　(2) 女の子，少女 ＿＿＿＿＿＿＿＿

(3) (〜を)知っている ＿＿＿＿＿＿＿＿　(4) フルーツ，果物 ＿＿＿＿＿＿＿＿

4. 次の日本語の意味に合うように，（　　　）内から適切な語を選んで○をつけましょう。
（4点×2＝8点）

(1) これらは私たちのイヌ，ジャックとジョイです。 私たちはそれらが好きです。
　　These are our dogs, Jack and Joy. We like (they / them).

(2) ユキは夕食後に英語を勉強します。
　　Yuki (studies / studys) English after dinner.

5. 日本語の意味に合うように，次の（　　　）に適切な英語を入れましょう。

（完答 7 点 × 4 ＝ 28 点）

(1) 私はふつう週末に家族のために昼食を作ります。

I usually make lunch for my family（　　　　）（　　　　）.

(2) あなたは毎日ピアノをひきますか。

Do you play the piano（　　　　）（　　　　）?

(3) ケイトはフランス語を話すことができます。

Kate（　　　　）（　　　　）French.

(4) トムはふつう食卓の準備をしません。

Tom usually（　　　　）（　　　　）the（　　　　）.

6. 次の対話文を読み，下の問いに答えましょう。

Sora: (1)(umbrella / this / is / whose)?
Emily: Maybe it's Yuya's.
Sora: (1)(umbrella / this / is / whose)?
Emily: It's (2)(　　　).
Sora: (3)Here you are.
Emily: Thank you.

(1)「これはだれのかさですか。」という意味になるように（1）の（　　）内の語を並べ替えて，英文を完成させましょう。※２つの（1）には同一の文が入ります。　　（8点）

_____ ?

(2)「私のもの」という意味の英語を書きましょう。　（5点）　　　　　　（　　　　）

(3) 下線部の英語を日本語にしましょう。　　　　　　　　　　　　　（6点）

_____

215

定期テスト 第4回

1. 下線部の発音が左の語と同じものを，**ア〜ウ**から１つ選んで○をつけましょう。
(3点×3＝9点)

(1) soup 　　　　ア cold 　　　イ book 　　　ウ choose

(2) breakfast 　ア small 　　イ expensive 　ウ sea

(3) wall 　　　　ア abroad 　イ sofa 　　　ウ want

2. 次の英語の意味を書きましょう。
(4点×4＝16点)

(1) homework ＿＿＿＿＿＿＿　　(2) rainy 　　　＿＿＿＿＿＿＿

(3) begin 　　＿＿＿＿＿＿＿　　(4) You're welcome. ＿＿＿＿＿＿＿

3. 次の日本語を英語で書きましょう。
(5点×4＝20点)

(1) よく，たびたび ＿＿＿＿＿＿＿　　(2) どちら，どれ 　＿＿＿＿＿＿＿

(3) (こよみの)月 　＿＿＿＿＿＿＿　　(4) (〜を)練習する ＿＿＿＿＿＿＿

4. 次の日本語の意味に合うように，(　　　　) 内から適切な語を選んで○をつけましょう。
(4点×2＝8点)

(1) あなたの誕生日はいつですか。

(When / Where) is your birthday?

(2) あなたたちはどうやってその公園へ行くのですか。

(How / What) do you go to the park?

5. 日本語の意味に合うように，次の（　　　）に適切な英語を入れましょう。

(1) なぜあなたはその映画が好きなのですか。── それはわくわくするからです。

（　　　　　　　） do you like that movie? ──（　　　　　　　） it's exciting.

(2) 私の弟は夕食後に入浴します。

My brother （　　　　　） a （　　　　　） after dinner.

(3) 私は以前，英語を話すのが得意ではありませんでした。

I （　　　　　）（　　　　　　　） good at speaking English before.

(4) あなたはどんな種類の音楽が好きですか。

（　　　　　）（　　　　　　）（　　　　　　　） music do you like?

6. 次の対話文を読み，下の問いに答えましょう。

Ms. Bell:	Do you speak English?
Shop Clerk:	Yes. Can I help you?
Ms. Bell:	(1)I'd like a *kotatsu*.
Shop Clerk:	Sure. We have a big sale now. This *kotatsu* is 24,000 yen! It was 30,000 yen (2)（　　　）（　　　）.
Ms. Bell:	Great! But it's still (3)expensive.

(1) 下線部の英語を2語で書きましょう。 （6点）

（　　　　　）（　　　　　）

(2) 「先週」という意味の英語を書きましょう。 （6点）

（　　　　　）（　　　　　）

(3) 下線部の英語と反対の意味を表す英語を書きましょう。 （7点）

（　　　　　）

定期テスト 第5回

1. 下線部の発音が左の語と同じものを，**ア〜ウ**から１つ選んで○をつけましょう。

(3点×3＝9点)

(1) t<u>ow</u>el   **ア** y<u>ou</u>ng   **イ** ar<u>ou</u>nd   **ウ** <u>o</u>ld

(2) p<u>ai</u>nt   **ア** sm<u>i</u>le   **イ** f<u>a</u>vorite   **ウ** <u>ea</u>t

(3) b<u>a</u>by   **ア** w<u>ai</u>t   **イ** ins<u>i</u>de   **ウ** b<u>a</u>ll

2. 次の英語の意味を書きましょう。

(4点×4＝16点)

(1) talk _____   (2) afternoon _____

(3) culture _____   (4) wonderful _____

3. 次の日本語を英語で書きましょう。

(5点×4＝20点)

(1) 笑う _____   (2) 〜を売る _____

(3) 到着する _____   (4) 世界 _____

4. 次の日本語の意味に合うように，（　　　）内から適切な語を選んで○をつけましょう。

(4点×2＝8点)

(1) あなたは昨日お母さんと買い物に行きましたか。

（ Do / Did ）you go shopping with your mother yesterday?

(2) なんてかわいいウサギなんでしょう。

（ How / What ）a cute rabbit!

5. 日本語の意味に合うように，次の（　　　　）に適切な英語を入れましょう。

（完答7点×4＝28点）

(1) 私の英語の宿題を手伝ってくれますか。

　　Can you （　　　　） me （　　　　） my English homework?

(2) 〈(1)の答えとして〉── ええ，もちろん。

　　── Yes, （　　　　）（　　　　）.

(3) メアリーは毎晩音楽を聞きます。

　　Mary （　　　　）（　　　　） music every evening.

(4) トムは今泳いでいるのですか。── はい，そうです。

　　（　　　　） Tom （　　　　） now?　── Yes, he （　　　　）.

6. 次の対話文を読み，下の問いに答えましょう。

> We (1)（ 行った ） to Kenrokuen Garden. Snow covered the garden.
> It was very beautiful . Then, we (2)（ eat ） sushi at a *kaitenzushi*
> restaurant. It was very delicious. (3)We had a very good time.

(1) （　　　）内の日本語を英語にしましょう。　　　　　　　　（6点）

（　　　　　　）

(2) （　　　）内の英語を過去形にしましょう。　　　　　　　　（6点）

（　　　　　　）

(3) 下線部の英文を日本語にしましょう。　　　　　　　　　　（7点）

___

219

定期テスト 解答・解説

第1回

問題 210～211 ページ

解答

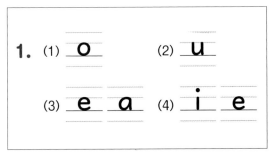

1. (1) o (2) u (3) ea (4) ie

(1) m(o)vie となります。o は「ウー」と発音します。
(2) l(u)nch となります。u は「ア」と発音します。
(3) t(ea)cher となります。ea は「イー」と発音します。
(4) fr(ie)nd となります。ie は「エ」と発音します。つづりと発音に注意しましょう。

---

2. (1) よい (2) 小学校
    (3) いとこ (4) 教室

(1) good は「よい」も「上手な」もよく使われる，重要な語です。
(2) elementary は「初歩の，基本の」という意味です。elementary school で「小学校」という意味になります。
(3) cousin は発音・つづりの両方に注意しましょう。

---

3. (1) She (2) at
    (3) that (4) from

(1) 最初の文で紹介された Kate「ケイト」が女性なので，ケイトのことを説明する2番目の文の日本語が「彼女は」になっています。女性に使う She が正解です。 He は男性に使う「彼は」です。
(2) 「～が得意です」は be good at ～で表します。主語が Bob なので，be 動詞は is になっています。
(3) 「～ですか」という be 動詞の疑問文です。「あれは」は that で表します。this は「これは」です。
(4) 「～出身です」は〈be 動詞＋ from〉で表します。主語が「私は」で I なので，be 動詞は am ですが，ここは I am の短縮形 I'm となっています。

---

4. (1) Are you (a soccer fan?)
    (2) No (,) I'm (not.)
    (3) What's this (?)
    (4) It's (a) notebook (.)

(1) 「あなたは～ですか。」は be 動詞の疑問文です。主語の「あなた」は you で，be 動詞は are になり，これを疑問文の語順にすると，Are you となります。「サッカー」soccer はつづりに注意しましょう。
(2) (1)の疑問文に対する答えです。「いいえ」という否定文になっていて，英文の最後に not があります。最初の空所には「いいえ」

を表す No が入ります。Are you 〜？「あなたは〜ですか。」ときかれているので，「私は」I を使って答えますが，残る空所は 1 つで，be 動詞 am が入らなくなるため，I am の短縮形 I'm を 2 番目の空所に入れます。

(3) 「これは何ですか。」を 2 語で表す問題です。「これは」は this で，「何ですか」の部分には what is の短縮形 what's を文頭で使って答えるのが正解になります。

(4) (3)の疑問文に対する答えです。this「これは」ときかれているので，「それは」を表す it を使い，「それは〜です」を It's と短縮形で答えます。「ノート」は notebook となります。日本語につられて note としないように気をつけましょう。note は「メモ」や「短い手紙」という意味です。

---

5. (1) お元気ですか。
　　(2) <u>What time is it</u> (now?)
　　(3) <u>in</u> (Japan.)

(1) How are you? 「お元気ですか。」は親しい人へのあいさつとして使われる表現です。

(2) 「何時ですか」は，文の最初に「何時」を表す What time を置き，続けて be 動詞の疑問文の語順を続けます。時間をたずねるときは主語に it を使うので，be 動詞は is となり，is it が続くことになります。

(3) It's 10:00 a.m. (　　) Japan. は「日本 (　　) 午前 10 時です。」という意味の文です。「日本では」とするのが適切で，国や大都市など，広い場所を示すときに使う in が入ります。

定期テスト　解答・解説

第2回

〜ページ

解答

1. (1) イ　　(2) イ　　(3) ア

(1) cook の oo は「ウ」と短く発音します。同じものはイの look の oo です。アの food の oo は「ウー」，ウの floor の oo は「オー」と長く発音します。

(2) favorite の a は「エイ」と発音します。同じものはイの strange の a です。アの many の a は「エ」，ウの call の a は「オー」と発音します。

(3) postcard の o は「オウ」と発音します。postcard は日本語の「ポストカード」とはちがい，「ポウスト」なので気をつけましょう。同じものは アの moment の o です。イの popular の o は「ア（ー）」，そしてウ の want の a は「ア」と発音します。

2. (1) おいしい　　(2) 美しい
(3) 人々　　(4) 放課後に

(1) delicious の発音，iou のつづりに注意しましょう。

(2) beautiful の eau の発音，つづりに注意しましょう。

(3) people の eo は「イー」と発音します。

(4) after school「放課後に」は文末によく使われる表現です。

3. (1) dinner　　(2) study
(3) draw　　(4) chair

(1) dinner の nn を重ねるところに注意しましょう。

(2) study の u のつづりに注意しましょう。

(3) draw の aw のつづり，そして発音に注意しましょう。

(4) chair の air のつづりに注意しましょう。

4. (1) tomatoes　　(2) Don't

(1) 「2つのトマト」は複数なので，two の後ろの「トマト」tomato を複数形にします。es をつけて tomatoes とするのが正解です。s だけのついた tomatos を選ばないようにしましょう。

(2) 「〜しないで（ください）」は，動詞の前に Don't を置いて表します。Don't は Do not の短縮形です。

5. (1) How much
(2) What color
(3) Look at
(4) I don't like

(1) 「いくら」は How much で表すことができます。ここでは「その〜はいくらですか。」なので，How much の後ろにくるのは be 動詞の疑問文の語順 is that 〜？となっています。

(2) 「何色」は，What color で表します。

color の後ろに「あなたは好きですか。」の部分が疑問文の語順 do you like? と続きます。

(3) 「～しなさい」と指示や命令をするときは, 動詞の原形で文を始めるので,「～を見る」を2語で表す look at の look を大文字で始めて, 文の最初に置きます。Look at が正解です。

(4) 「私は～が好きではありません。」という否定文で, 空所が3つなので, 最初に主語の I を入れ, 次に do not の短縮形 don't, そして最後に「～が好きだ」という意味を表す動詞の like を入れます。I don't like が正解です。

を入れます。

---

6. (1) How many postcards do you want(?)
(2) ええと。
(3) They're (beautiful.)

---

(1) 「いくつ」と, ものの数をたずねる表現は how many を文の最初に置いて表します。ここは「絵はがき」なので, postcards が後ろにきます。名詞は複数形になります。その後ろに「(あなたは)ほしいですか」の意味を表す do you want を続けます。

(2) Let me see. は「ええと。」という口語表現です。すぐに返事や答えを出せないときや何かを思い出そうとするときに使われます。

(3) アオイは空所のある文の前に, I want these key rings.「私はこれらのキーホルダーがほしいです。」と言っているので, 主語は「それらは」を表す they になります。空所の後ろには beautiful があるので,「それらは美しいです。」を1つの(　　)で表すには, They are の短縮形 They're

定期テスト 解答・解説

第3回

問題 214 ~ 215 ページ

解答

---

1. (1) ア (2) ウ (3) イ

---

(1) woman の o は「ウ」と短く発音します。woman は「ウーマン」ではなく、「ウマン」なので気をつけましょう。同じものは**ア**の good の oo です。**イ**の whose の o は「ウー」と長く発音し、**ウ**の alone の o は「オウ」と発音します。

(2) busy の u は「イ」と発音するので注意が必要です。同じものは**ウ**の live の i です。**ア**の right の i は「アイ」、**イ**の funny の u は「ア」と発音します。

(3) other の o は「ア」と発音します。同じものは**イ**の drum の u です。**ア**の program の o は「オウ」、**ウ**の maybe の a は「エ」と発音します。

---

2. (1) 働く (2) ごみ
(3) 歩く (4) 買い物に行く

---

(1) work の発音、or のつづりに注意しましょう。

(2) garbage の発音に注意しましょう。

(3) walk の l は発音しません。つづりとともに気をつけましょう。

(4) shopping は動詞 shop の ing 形です。

---

3. (1) aunt (2) girl
(3) know (4) fruit

---

(1) aunt の au のつづり、「アー」の発音にも注意しましょう。

(2) girl の ir のつづり、そして発音に注意しましょう。

(3) know の k は発音しない文字です。kn のつづりに注意しましょう。

(4) fruit の ui のつづりに注意しましょう。

---

4. (1) them (2) studies

---

(1) 最初の文で飼っているイヌの説明をしています。イヌは2匹で複数です。「私たちはそれらが好きです」→「それらを好きです」で、動詞 like の後ろには「それらを」という目的語が入ります。目的語として使われる them を選ぶのが正解です。they は「それらは [が]」という意味の主語を表す代名詞です。

(2) 主語のユキは3人称・単数で、「勉強します」と現在のことを表す文なので、動詞 study「～を勉強する」は最後の y を i に変えて es をつけます。答えは studies です。

5. (1) on weekends
(2) every day
(3) can speak
(4) doesn't set, table

(1) 「週末に」は on weekends で表すことが
できます。weekend の後ろに s をつける
のをわすれないようにしましょう。
(2) 「毎日」は every day となります。
(3) 「〜することができる」は can で表します。
主語が何であっても can の形は変わりませ
ん。can の後ろには動詞の原形を置きます。
「〜を話す」は speak です。
(4) 「〜しません」という否定文です。主語が「ト
ム」なので3人称・単数・現在の文です。「食
卓の準備をする」は set the table とい
う表現になります。空所が3つなので,最初
の方に does not の短縮形 doesn't を入
れ, 2番目に動詞 set を入れます。
doesn't の後ろの動詞は原形です。

6. (1) Whose umbrella is this(?)
(2) mine
(3) はい,どうぞ。

(1) この対話文には「これはだれのかさですか。」
という文が2回出てきます。「だれの○○(名
詞)ですか。」は〈Whose＋ 名詞＋疑問文
の語順〜?〉で表すことができます。
Whose umbrella の後ろに「これは〜で
すか」を意味する is this を続けます。
(2) 代名詞「私のもの」は mine で表します。
(3) Here you are. は「はい,どうぞ。」と人
にものを手渡すときに使う表現です。 会話
でよく使われるので覚えておきましょう。

定期テスト 解答・解説

第4回

問題 216~217 ページ

解答

1. (1) ウ　　(2) イ　　(3) ア

(1) soup の ou は「ウー」と長く発音します。同じものは**ウ**の choose の oo です。**ア**の cold の o は「オウ」と発音し，**イ**の book の oo は「ウ」と短く発音します。

(2) breakfast の ea は「エ」と短く発音します。同じものは**イ**の expensive の2番目の e です。**ア**の small の a は「オー」，**ウ**の sea の ea は「イー」と発音します。

(3) wall の a は「オー」と長く発音します。同じものは**ア**の abroad の oa です。**イ**の sofa の o は「オウ」です。sofa の発音は「ソファ」ではないので注意が必要です。**ウ**の want の a は「ア」と発音します。

2. (1) 宿題　　(2) 雨の
　　(3) 始まる　　(4) どういたしまして。

(1) homework は home の o を強く発音します。

(2) rainy は ai の発音，つづりに注意しましょう。

(3) begin は i を強く読む語です。

(4) You're welcome. はお礼のことばへの受け答えに使われる表現です。覚えておきましょう。

3. (1) often　　(2) which
　　(3) month　　(4) practice

(1) often の t は発音しない文字です。発音，つづりの両方に注意しましょう。

(2) which は選択肢の中から何かをたずねるときに使う語です。

(3) month は o と th のつづりに注意しましょう。

(4) practice は「～を練習する」の意味の動詞以外に，「練習」の意味を表す名詞もあります。

4. (1) When　　(2) How

(1)「いつ」と時をたずねるときに使うのは疑問詞の when です。where は「どこに[で]」と場所をたずねるときに使われる疑問詞です。

(2)「どうやって」と方法をたずねるときに使う疑問詞は how です。what は「何」をという意味を表す疑問詞です。

は「この前の，先～，昨～」という意味の形容詞です。

(3) expensive は「(値段が)高い」という意味を表す形容詞です。これと反対の意味を表す語は cheap「(値段が)安い」となります。

---

5. (1) Why ／ Because
(2) takes, bath
(3) was not
(4) What kind of

(1) 「なぜ」と理由をたずねるときに使われる疑問詞は why です。それに対して理由を答えるときは「(なぜなら)～だから」という意味を表す because を使います。why – because とセットで覚えましょう。

(2) 「入浴する」は take a bath の3語で表すことができます。そのままひと続きで覚えましょう。主語が「私の弟」で3人称・単数，現在のことを表す文なので，動詞 take の後ろには s をつけます。

(3) 主語が「私」で「以前は～ではなかった」という否定文なので，be 動詞を過去形にする必要があります。am の過去形は was となります。否定文なので was の後ろに not を入れます。ここは空所が2つなので，答えは was not になりますが，was not は wasn't と短縮形でも表すことができます。

(4) 「どんな種類の～」は what kind of ～で表します。「あなたは好きですか」の部分は一般動詞の疑問文の語順になります。

---

6. (1) I would
(2) last week
(3) cheap

(1) I'd は I would の短縮形です。I'd like ～. で「私は～がほしい。」という意味になります。これは I want ～ . よりも丁寧な言い方です。

(2) 「先週」は last week で表します。last

定期テスト 解答・解説

第5回

問題 **218** ~ **219** ページ

問題 **218** ~ **219** ページ

解答

1. (1) イ　　(2) イ　　(3) ア

(1) towel の ow は「アウ」と発音します。同じものはイの around の ou です。アの young の ou は「ア」と発音し，ウの old の o は「オウ」と発音します。

(2) paint の ai は「エイ」と発音します。同じものはイの favorite の a です。アの smile の i は「アイ」と発音し，ウの eat の ea は「イー」と発音します。

(3) baby の a は「エイ」と発音します。baby の発音は「ベビー」ではないので，注意が必要です。同じ発音のものは アの wait の ai です。イの inside の2番目の i は「アイ」と発音し，ウの ball の a は「オー」と発音します。

2. (1) 話す　　(2) 午後
　　(3) 文化　　(4) すばらしい

(1) talk の l は発音しない文字です。発音，つづりの両方に注意が必要な語です。

(2) afternoon は後ろの方を強く読む語です。

(3) culture はカタカナ語の「カルチャー」とはだいぶちがいがありますね。2つの u のつづりに注意しましょう。

(4) wonderful は o のつづりに注意しましょう。

3. (1) laugh　　(2) sell
　　(3) arrive　　(4) world

(1) laugh の g は発音しない文字です。augh のつづりにも注意しましょう。

(2) sell は l が2つ続くことに注意しましょう。

(3) arrive は r が2つ続くことに注意しましょう。

(4) world は発音と，or のつづりに注意しましょう。

4. (1) Did　　(2) What

(1) 「あなたは～しましたか」と過去のできごとをたずねるときには Did you ～？と主語 you の前に did を置いて表します。go shopping は「買い物に行く」です。

(2) 英文の最後に「！」（エクスクラメーションマーク）をつけて，「なんて～な…（なん）でしょう。」と強調する文を「感嘆文」と言います。空所の前には a cute rabbit「かわいいウサギ」という〈a [an]＋形容詞＋名詞〉の形があるので，この場合は what を置くのが正解です。how を使うときは後ろに形容詞が続いて，「なんて～（なん）でしょう。」のようになります。

べた」は不規則に変化する語で，ate というつづりになります。

(3) had は動詞 have の過去形で，不規則に変化する語です。have a good time は「楽しい時間をもつ → 楽しく［楽しい時を］過ごす」という意味になります。good の前に very「とても」があるので，全文は「私たちはとても楽しく［楽しい時を］過ごしました。」となります。

---

5. (1) help, with
    (2) of course
    (3) listens to
    (4) Is, swimming / is

(1) Can you ～ ? は「～してくれますか。」と人にものを頼むときの表現です。「～の…を手伝う」は help ～ with ... の形で表すことができます。「～」には「人」が，「…」には「ものごと」が入ります。

(2) (1)への答えの文です。「もちろん」は of course という形になります。our のつづりに注意しましょう。

(3) 「～を聞く」は listen to ～ で表します。主語が「メアリー」で3人称・単数，現在のことを表す文なので，動詞 listen の後ろには s をつけます。listen は「（注意して）聞く」の意味で，t は発音しない文字なので，つづり，発音の両方に注意が必要です。

(4) 「今～していますか。」という現在進行形の文です。主語が「トム」で3人称・単数なので be 動詞は is となり，「泳いでいる」は動詞 swim に m を重ねて ing を続け，swimming とします。Is ～ ? の形の質問文で，答えが「はい，そうです。」なので，is を使って Yes, he is. となります。

---

6. (1) went
    (2) ate
    (3) 私たちはとても楽しく［楽しい時を］過ごしました。

(1) 「行った」は動詞 go の過去形です。d や ed をつけるのではなく，不規則に変化する語で，went というつづりになります。

(2) 動詞 eat は「食べる」の意味で，過去形「食

手紙の形式

① ● April 5, 2021
2021年4月5日

② ● Dear Mr. Holmes,
親愛なるホームズさん,

How are you? お元気ですか。

How was your trip to Japan?
日本への旅はいかがでしたか。

Thank you for your visiting our house.
私たちの家を訪ねてくださってありがとうございました。

We were very happy to see you and had a very good time with you.
私たちはあなたにお会いできてとてもうれしく，あなたと楽しく過ごしました。

I want to visit London with my family someday.
私はいつか家族といっしょにロンドンを訪れたいです。

See you again!
またお会いしましょう！

③ ● Sincerely, 心から
④ ● *Matsuo Minami*
マツオ・ミナミ

① 日付
「月 / 日 / 年」の順，または
「日 / 月 / 年」の順で書く。

② 相手の名前
Mr. / Ms. に続けて名字を書く。
親しい人の場合は Dear のあとに Mr. / Ms. を
つけずに名前を書く。

③ 結びのことば
最後のあいさつにはいくつかの定型がある。
Sincerely, / Best regards, / Best wishes, など

④ 署名

⑤ 差出人の氏名
英語では住所よりも先に氏名を書く。

⑥ 差出人の住所
「建物名・部屋番号 → 番地 → 丁目・町村名
→ 市区郡名 → 都道府県名 → 郵便番号 → 国名」
の順に書く。国名は大文字にする。

⑦ 受取人の氏名
相手に応じて氏名の前に Mr. / Ms. を書く。

⑧ 受取人の住所
「建物名・部屋番号 → 住所番号 → 街路名 →
都市名・地方名・州名 → 郵便番号 → 国名」
の順に書く。国名は大文字にする。

封筒の表書きの形式

⑤ ● From:
Matsuo Minami
⑥ ● 3-25, Daido 4-chome
Tennoji-ku, Osaka-shi,
Osaka 543-0052 JAPAN

⑦ ● To:
Mr. Sherlock Holmes
⑧ ● 211b Baker Street,
London NW1 6XE
U.K.

変化形のつくり方

付録

❶ 名詞の複数形

	▼ 変化の仕方	▼ 例
下記以外の名詞	s をつける	book ➡ books [s] pen ➡ pens [z] orange ➡ oranges [iz]
s, x, sh, ch で終わる名詞	es をつける	glass ➡ glasses [iz]
〈子音字※＋o〉で終わる名詞	es をつける	tomato ➡ tomatoes [z]
〈子音字＋y〉で終わる名詞	y を i に変えて es をつける	cherry ➡ cherries [z]
f または fe で終わる名詞	f, fe を v に変えて es をつける	leaf ➡ leaves [z]

※子音字＝母音字（a, e, i, o, u）以外の文字

❷ 3人称・単数・現在の動詞の形

	▼ 変化の仕方	▼ 例
下記以外の動詞	s をつける	like ➡ likes [s] play ➡ plays [z]
s, o, x, sh, ch で終わる動詞	es をつける	go ➡ goes [z] teach ➡ teaches [iz]
〈子音字＋y〉で終わる動詞	y を i に変えて es をつける	study ➡ studies [z]

❸ 動詞の ing 形

	▼ 変化の仕方	▼ 例
下記以外の動詞	ing をつける	play ➡ playing
e で終わる動詞	e をとって ing をつける	take ➡ taking
〈短母音＋子音字〉で終わる動詞	最後の文字を重ねて ing をつける	swim ➡ swimming

❹ 動詞の過去形（規則動詞）

	▼ 変化の仕方	▼ 例
下記以外の動詞	ed をつける	play ➡ played [d] cook ➡ cooked [t] want ➡ wanted [id]
e で終わる動詞	d をつける	arrive ➡ arrived [d]
〈短母音＋子音字〉で終わる動詞	最後の文字を重ねて ed をつける	stop ➡ stopped [t]
〈子音字＋y〉で終わる動詞	y を i に変えて ed をつける	study ➡ studied [d]

❺ 動詞の過去形（不規則動詞）

	▼ 変化の仕方	▼ 例
不規則動詞	不規則に変化する	am, is ➡ was are ➡ were buy ➡ bought do ➡ did get ➡ got go ➡ went have ➡ had see ➡ saw

啓林館版・中学英語1年